鐘よ鳴り響け

古関裕而自伝

古関裕而

集英社文庫

昭和19年　慰問映画の音楽を指揮

昭和29年　作曲25周年記念ショーの後で（日劇）

昭和7年　コロムビア専属作家〝楽人クラブ〟のメンバー（後列左より2番目）

昭和13年　中支従軍（九江）前列右より古関、西条八十氏、久米正雄氏、石川達三氏ら

昭和28年3月　NHK放送文化賞授賞式

昭和23年　家族そろって

昭和44年　紫綬褒章受章

昭和50年　神宮球場にて

目次

鐘よ鳴り響け　古関裕而自伝

出　会　い

すべすべした母の背が、じかに胸や腹のあたりにぬくもりを伝えてくる。首すじのほつれ毛が鼻のてっぺんをくすぐる。とてもいい香りがする。母も裸。私も裸。おんぶされているのは、二歳くらいの私。やがて母は背からおろして、半てんをかけてくれる。——一番古い記憶である。時折、フッと昨日のことのようによみがえってきては、私を昔日に引きもどす。

少年のころ

山に囲まれた盆地福島市がふるさとである。東には、日本で最も古い山地の一つ阿武《あぶ》隈《くま》山地がそびえ、西には磐梯《ばんだい》吾妻《あづま》スカイラインが悠然と連なり、南と北は台地をなして、その間を阿武隈川が南から北へと貫流している。

北の台地には半田山《はんだやま》がある。標高八百五十メートルほどの山で、以前は銀山だった。

小学生の頃遠足に行ったことがあるが、まだ不気味な廃坑が残っていた。その傍らの砕石の中に紫水晶を見つけ、大喜びで持ち帰った記憶がある。

生家は福島市の目抜き通り、大町《おおまち》にあった。今では昔の面影はないが、そこで代々「喜多三《きたさん》」と号する呉服屋を営んでいた。番頭、小僧が十数人。明治末期に、東北には仙台に次いで二台めというナショナル金銭登録機をでんと店頭に備え付け、市内有数の老舗として繁盛していた。

明治四十二（一九〇九）年八月十一日、父三郎次、母ひさの長男として私は生まれた。父母が結婚してから長い間子供がなかったため、養子をもらおうかという話もあったらしい。そんな矢先に生まれた私は、大層可愛《かわい》がられ、大事に育てられた。五年後にはまた男の子が生まれた。弟の弘之《ひろし》である。

いわゆる音楽好きの父は、大正初期といえばまだ珍しい蓄音器を店の使用人の娯楽用に購入し、余暇にはいつもレコードをかけていた。田舎町で娯楽といえば、週に一度の映画くらいなものである。レコードを聞いて余暇を過ごすことが唯一の楽しみであった。

私はその傍らで絵を描きながらよく聞いていた。主に浪曲が多かったが、私は民謡や吹奏楽が好きだった。これが私と音楽との出会いである。

通りを隔てた家の向かい側に一軒の魚屋があった。そこが後年「福島行進曲」や「暁に祈る」などを作詞し、私と共にコロムビア専属であった詩人、野村俊夫《のむらとしお》君の生家である。本名を鈴木喜八《すずききはち》といい、私より四、五歳年長で、近所の餓鬼大将であった。体がそれほど強くない私はその他大勢組で、それでも仲良く遊んだものだった。

やがて、私が福島県師範学校附属小学校に入学した頃、彼の家は引っ越して行った。後年この幼馴染《おさななじ》み同士が作詞家と作曲家になり、一緒に歌謡曲を作っていくことになるのだが、こういう例は珍しいのではないだろうか。

小学校に入学した大正五（一九一六）年頃といえば、第一次大戦の真只中《まっただなか》である。しかし、東北の田舎の、それもまだ幼い私は、あいかわらず好きなレコードを聞きながら、絵を描いたりするのに夢中であった。

三年生になる年にクラス替えがあった。それまで男女共学だったクラスが、男女別々の教室に分けられる大編成であった。それから卒業までの四年間、私のクラスは四十七名だったので、担任の遠藤喜美治先生は、よく忠臣蔵だと言って皆を笑わせていた。

唱歌とつづり方を指導してくださる遠藤先生は、大変な音楽好きであった。自ら作曲をなさるばかりか、私たちにも童謡を作らせるほどに、音楽教育に熱心な方であった。先生の作られる曲は大変美しく、童謡の作曲も楽しかった。私にとって唱歌は最も楽しみな授業になった。

教室の中ではおとなしく目立たない存在だったが、作曲となると夢中になるので、次第にクラスメートは詩を書いて、私のところに持って来るようになった。頼まれるから人の分まで作る。できると楽しい。そんな繰り返しで知らず識《し》らずのうちに作曲することに親しんでいった。折しも児童文学雑誌「赤い鳥」の発刊によって、童話・童謡運動の全盛期、先生の指導にも益々《ますます》熱がこもってきた。

しかし、作曲とはいうものの五線譜はまだ知らなかった。1・2・3という数字譜で記譜していたのである。やがて授業だけではもの足りなくなり、市販されている楽譜を買ってくるようになった。それは、現代でいえばちょうど「好きなレコードを買う」というのに似ていると思う。市販の妹尾《せのお》楽譜は、表紙が竹久夢二《たけひさゆめじ》の絵で、それもまた気に入っていた。

こんな私を見ていた母がどこからさがしてきたのか、ある日卓上ピアノを買ってきてくれた。黒鍵もあり、三オクターブくらい弾けるもので、当時としてはかなり高価だったと思う。その日から夢中になってこのピアノに向かった。知っている曲の楽譜を買ってきてはさぐり弾きをした。面白くてたまらず私は熱中した。

そうこうしているうちに音符がわかるようになり、臨時記号の意味も理解していった。小学校を卒業する頃には楽譜が自由に読めるようになり、作曲も五線紙に書くことができた。私の音楽は次第に本格的になっていった。

作曲と編曲の日々

どんな楽譜を買おうか夢中になってさがしていた。一度に何枚もまとめて買うので、すっかり顔馴染みになっていた本屋の中である。ちょうど昼前で店はあまり混んではいない。その時である。突然本棚が大きく揺れた。そばにいた友人の「地震だ」という声につられて外に飛び出した。大正十二年九月一日、関東一帯を襲った大地震であった。福島でもかなり大きな地震だったので、まもなく大騒ぎになり、「東京の火事が見える」などという噂《うわさ》が立った。私はウソだと思いながらも家の二階にかけ上がって南の空をながめたが、やはり東京の火事は見ることができなかった。

この年の前年、私は県立福島商業学校に入学していた。「喜多三」を継ぐためである。ところが、ちょうど第一次大戦（終結）の影響で日本は大変なインフレであった。直接の原因が何であったのかわからなかったが、父が店をたたむことになった。私が入学してから間もない頃であったと思う。

父はその後、京染めの仲次ぎを開業した。十数人の使用人もいなくなり、家はひっそりとしたものであった。だがその仕事も間もなくやめて、父は好きな謡曲ばかりを歌うようになり、気分のいい時は日がな一日宝生流《ほうしょうりゅう》をうなっていた。

商業学校での私は、ソロバンの玉よりも音符のタマの方が好きで、楽譜を買ってきては山田耕筰《やまだこうさく》先生の曲に夢中になったり、また私自身の作曲に熱中していた。

ある時、年に二回学校で行われていた弁論大会に「音がないと淋《さび》しいから音楽を入れようじゃないか」という話が出た。そこでハーモニカの吹ける人が募られ、私を含め数名が立候補し、ハーモニカバンドが作られることになった。今日ではハーモニカを演奏する人は少なくなったが、当時は手軽な楽器として多くの人に親しまれていた。やがて、初めて我が商業学校にハーモニカ合奏の音が響いたのである。それからは弁論大会の幕《まく》間《あい》には欠かさずハーモニカが合奏されることになった。

私は、それまでコツコツ作っていた曲を合奏用に編曲し、大勢の前で披露した。ここで初めて自分の作品が合奏されたのである。この体験は非常にうれしかったと同時に、その後に及んで大変勉強になった。

当時、市内に〝福島ハーモニカ・ソサイティー〟というバンドがあって、音楽好きの私はそこに入会するのが望みだった。主宰者は商業学校の先輩で橘　登《たちばなのぼる》氏。彼は「広瀬庵」というそば屋の長男だったが、商売はそっちのけでハーモニカ・ソサイティーに情熱を打ち込んでいた。

私は商業学校を卒業する頃念願かなって入会できた。会員は五十名ほどで、練習日は週に一、二度。場所は橘さんが「広瀬庵」の奥座敷を提供してくれていた。

ちょうどその頃、県庁の役人で私より四、五歳年上の友人、三浦通庸《みうらつうよう》氏が中心となって〝火の鳥の会〟というのを作っていた。そこでは主に近代音楽家のレコードコンサートが催されていた。私はそこにもよく出かけて行った。そこで初めてドビュッシーやラベル、ストラビンスキー、ムソルグスキー等の曲に出会ったのである。「ボレロ」や「火の鳥」などを聞いた時は「これが音楽か」と驚いた。それほど強烈な音楽体験だった。私はそれ以来、近代フランス、ロシアの音楽に夢中になり、レコードコンサートには欠かさず出かけていった。

同時に、気に入った曲の楽譜を買ってきては、それを見ながら編曲してみた。オーケストラでは弦楽器を中心として、木管、金管、打楽器など、楽器の種類は豊富である。ハーモニカにもいろいろな種類があるので、そのオーケストラ用のスコアを、ハーモニカオーケストラ用に書き直してみるようになった。

妹尾楽譜は決して安いものではない。それを何枚も買い込み、父に叱られたこともあった。また、山田耕筰先生著の「作曲法」を買って勉強し、次から次へと作曲・編曲をしていった。初めは自己流ではあったが、やがてしっかりとしたスコアが書けるようになっていた。

ハーモニカ・ソサイティーに入会して間もなく私は指揮を担当した。勿論《もちろん》、作曲や編曲も担当した。難しいが、メンデルスゾーンの「バイオリン協奏曲」やロッシーニの

「ウイリアム・テル序曲」などを、ハーモニカで演奏しやすく編曲して合奏することもあった。そして年に二回催される春秋の定期演奏会には、これらの合奏を披露した。ストラビンスキーの「火の鳥」を演奏した時などは、客席から歓声が上がり、大変な反響があったと記憶している。

喜び——山田耕筰先生との出会い——

商業学校を卒業した私は、十七歳になっていた。あいかわらず作曲とハーモニカ・ソサイティーの活動にいそしんでいた。はた目にはブラブラしているように見えていたらしいが、ひそかに音楽学校に進みたいと考えていた。しかしその決心もつかず、ただひたすら音楽生活に明け暮れていた。そうこうしているうちに一、二年が過ぎた。

そんなある日のことである。「家でブラブラしているのなら、銀行に勤めないか」と、川俣《かわまた》銀行で頭取をしている伯父が声をかけてきた。行員が不足しているというので、私は断る理由もないので勤めることにした。

伯父の武藤茂平《むとうもへい》は、福島県でも指折りの資産家で、家から見える四方の山は全部武藤家の所有と言われていた。「ちりめん屋」の屋号で、味噌《みそ》、醬油《しょうゆ》の醸造業を営み、多額納税者として貴族院議員を務めたこともあった。そのかたわら川俣銀行を経営していた。

私の母は、ここから古関家へ嫁いだのである。

　伯父の家は福島から東に二十キロほどの川俣町にある。この町は羽二重の産地として有名で、ナイロンが発明されるまではアメリカに輸出され、婦人の絹靴下にもなった。

　小さな町の小さな銀行であるから行員も四、五名で、平日はのんびりしたものだった。だが、週に一度絹と生糸の〝市〟が立つ時は、銀行の中は人で埋まり、終日大変な騒ぎであった。

　しかし、市の日以外の町はひっそりしていた。遠くから聞こえてくる織機のリズミカルな音は平和そのもので、私には快い響きだった。大きな帳簿の間に五線紙をはさんでは、愛唱していた白秋《はくしゅう》や露風《ろふう》の詩集の中から好きな詩を選んで作曲したり、また休日には伯父の家の向かいにある小高い丘に登っては作曲していた。

　伯父の家の裏手にお寺があった。そこの住職は文学青年で、私が遊びにいくと古典文学の話をしてくれる。特に万葉集の話になると熱がこもり、聞いている私は万葉の世界にいつしか引き込まれているのであった。もともと和歌や詩歌に興味があったので、すすめられるまでもなく万葉集を読むようになった。

やまとには　むらやまあれど
とりよろふ　あめのかぐやま

のぼりたち　くにみをすれば
くにはらは　けぶりたちたつ
うなはらは　かまめたちたつ
うましくにそ
あきづしま　やまとのくには

実にのどかで雄大な美しい歌である。万葉集の中で最も好きな歌だ。私はこの歌にさっそく曲をつけてみた。長歌にしては短く、短歌に比べるとちょっと長いが、和歌の調子を十分考えて作曲したこの曲は、今でも大変気に入っている曲の一つである。

この住職さんは催馬楽《さいばら》が好きだった。聞いたり歌ったりするばかりでなく、自分でもよく書いていた。私はそれにも曲をつけてあげると、彼は大層喜んでくれた。これらはとてもいい経験であった。後年、若山牧水《わかやまぼくすい》の「白鳥《しらとり》の歌」もこの経験を生かして作曲した。若い時は何でも経験しておくものである。

銀行に勤めるようになったものの、私の音楽熱はそれまで以上に高揚していた。音楽活動に費す時間は益々増える一方である。私は一大決心して、学生時代からあこがれていた山田耕筰先生に手紙を書くことにした。自分の作品を先生に見てもらいたいと思い始めて一年以上もたっていた。

当時発行される先生の楽譜はほとんど空で覚えていた。作曲する時は、自然と先生の旋律が浮かんできた。知らず識らずのうちに先生の作風を模倣していた。いつの間にかゆったりとした日本的で、抒情的《じょじょうてき》な美しい音楽が、私の中にすっかり入り込んでいたのだった。五線譜の上に並んだ音符をたどると、先生の心情が伝わってきた。すっかり山田先生の音楽に傾倒していった私の中には、先生と同じ血が流れているのではないかとひそかに思ってみたりしていた。

こうして作り続けてきた作品の中から、詩に曲をつけたもの、曲だけのものなど数点を選び、手紙を添えて、東京の山田先生の事務所宛に送った。やがて先生は、「がんばりなさい」と添え書きした手紙とともに楽譜を再び送り返してくださった。その後数回手紙の往復があったかと思う。そのたびに書き添えてくださる言葉に、私は本当に励まされた。やがてこれらの手紙が、私の人生に大きな転換をもたらすことになるのであった。

「古関裕而」とペンネームをつけたのはこの頃である。本名「勇治」では勇ましい感じがし、私には合わない気がしていたので、何か音楽家らしい名前に変えてみようと思った。そして同じ「ユウジ」の発音でも、気に入っていた「裕」と「而」を組み合わせて「裕而」としたのである。当時としては「裕」を用いる名前は珍しかった。それは、今上天皇のお名前の一字を拝借するように思われ、誰もがご遠慮申し上げていたためである。

上京へ

東京放送局がラジオ放送を開始するというので、私はさっそくラジオ造りに取り組んだ。

機械が好きで、月刊雑誌「無線と実験」の愛読者であった私は、作曲のかたわら夢中になって、こまごまとした機械を造っていた。そこで、初めての電波放送の様子を手製のラジオで聞こうと思ったのである。大正も末期十四年初夏のことである。

放送開始の七月十二日当日、私は手製ラジオを目の前にして、音がするのを今か今かと待ちかねていた。だが、ついに私のラジオから何も聞こえてはこなかった。

ラジオが一般家庭に普及するのはまだまだ先のことであり、特に福島のような田舎で、電波から音楽を聞くなどということは、当時望むことはできなかった。

しかし、昭和に入ると続々と地方にも放送局が開局し、三年には仙台にも中央放送局が開局した。その記念番組の一つに〝福島ハーモニカ・ソサイティー〟が出演した。これが電波との最初の出会いであり、ハーモニカ・ソサイティーにとっても記念すべき行事となったのである。演奏した曲名は忘れてしまったが、私のアレンジした曲であった。

主宰者、橘さんの親友であり、私の幼馴染みである野村俊夫君が練習日にはひょっこり顔を出して、合奏に聞き入っていたのはその頃のことである。

彼は、私が商業学校の生徒の時、地元の民友新聞社の少壮記者として現れた。当時流行のソフト、映画俳優バスター・キートンのかぶっていたソフトの山を平らにつぶした帽子をかぶり、和服に、派手なマフラーを衿元《えりもと》にのぞかせたインバネスを着て、さっそうと市内を闊歩《かっぽ》していた。そんな彼の姿がとても印象的であった。

この昭和初期には全国的に地方新民謡が流行し、「東京行進曲」「道頓堀《どうとんぼり》行進曲」をはじめ、各地の地名を入れたいわゆる地方小唄が続々と生まれていた。今のご当地ソングである。ご多分に洩《も》れず福島でも何か歌を作ろうという気運が盛り上がり、こうしてでき上がったのが「福島行進曲」である。

一　胸の火燃ゆる宵闇に
　　恋し福ビル引き眉毛
　　サラリと投げたトランプに
　　心にゃ金の灯愛の影

二　月の出潮の宵闇に

そぞろ歩こうよ紅葉山《もみじやま》
真赤に咲いた花さえも
明けりゃ冷たい露の下

三　昏燃ゆる宵闇に
いとし福島恋の街
柳並木に灯がともりゃ
泣いて別れる人もある

「柳並木に灯がともりゃ……」の柳は、福島駅からまっすぐ東に延びた大通りの両側に並木になっていた。春には芽吹き、その緑は街に風情をそえていたが、いつの間に切られたのか、今では跡かたもない。

「福島行進曲」ができた翌昭和五（一九三〇）年夏のことである。私は日本コロムビアから連絡を受けた。作曲家として専属になってくれないかという、朗報であった。後で知ったのだが、コロムビアの顧問であった山田耕筰先生が私を推薦してくださったのである。

その年既に結婚していた私は、妻の金子《きんこ》と相談し、さっそく上京することに決めたのである。東京に行けば山田先生にもすぐお会いできるし、外からの刺激も大きいはずである。妻はまだ十八歳。声楽の勉強をしたがっていた。

両親や親族は、演歌師の片棒かつぎか、あるいはせいぜい成功しても地方小唄程度の作曲をするのが関の山だくらいにしか思っていないようだった。それでも出発に際しては「がんばってやって来い」と言ってくれ、別段反対はしなかった。そこでその年の九月、妻とふたり東京へ向かった。

一歩目の記

第一回発売レコード――「福島行進曲」と「福島夜曲《せれなあで》」――

上京した私たちは、阿佐ヶ谷《あさがや》にある妻の姉の家に部屋を借りて住んだ。

昭和五年頃は不景気のどん底で、街には失業者があふれ、その暗さからかえって夢を求めるのか、歌謡曲の世界では〝月はおぼろに東山〟の「祇園《ぎおん》小唄」(長田幹彦《ながたみきひこ》作詞・佐々紅華《さっさこうか》作曲・藤本二三吉《ふじもとふみきち》歌)、〝想《おも》い出しますお吉《きち》の声を――〟の「唐人《とうじん》お吉の唄」(西条八十《さいじょうやそ》作詞・中山晋平《なかやましんぺい》作曲・佐藤千夜子《さとうちやこ》歌)など甘い歌がよく歌われた。

その他、題名だけ並べてみると「ザッツ・OK」「女給の唄」「侍ニッポン」などが流行し、徳山璉《とくやまたまき》の豊かな声がよく流れていた。

こんな暗い世相の中を、私は呼び出しがある時だけ会社に出かけた。普通の社員とは違って仕事のある時だけ出社すればよいのであった。

私がコロムビアに専属になったのは、前にも述べたがコロムビア専属作曲家であると同時に、顧問でもある山田先生のご推薦によるものであった。かつて手紙をさし上げたのがご縁で、作曲に対して励ましてくださったりで、私はご賞揚をいただいていた。そして更には、上京するたびにお伺いしてはいろいろとご親切にしていただいたりで、先生のご恩情に報いるには、よい曲を作ることが第一と考え、私は大いに意欲を湧かせていた。

それに、当時としては多額の契約金をいただいていた。ところが、これが印税の前払いだと知って驚いた私は、ヒット曲を出さないことには話にならないと痛感もしていた。しかし、新人作曲家として何か新曲をと考えているうちに年は明け、昭和六年になっていた。

五月になると、私の第一回発売レコードの話がまとまった。そこで私は、かつて野村君と作った「福島行進曲」を吹き込むことにした。記念すべきデビュー曲なので、故郷に捧《ささ》げるつもりでこの曲を選んだのである。この歌は天野喜久代《あまのきくよ》さんに歌ってもらった。

さて、このレコード化が決定した時、裏面にどんな曲をつけるかが問題となった。最初のレコードであるから裏面もぜひ自作のもので郷里に関するものをということで、「福島夜曲《せれなあで》」を推した。

この歌は、昭和四年に福島で竹久夢二展が開かれた時作った曲である。夢二さんが滞在中に即興で書いたものらしく、奉書の巻紙に「福島夜曲」と題した十二の民謡調の詩が書かれてあり、それぞれに水墨彩色の絵が添えてあった。

会場でこの詩画の前に立った時、深く感動した。私はさっそく作曲してみようと思い、詩を全部ノートに写して帰宅した。

自宅に帰るとすぐ部屋にこもり、五線紙にペンを走らせ、感興のおもむくままに作曲した。自分としては詩心を捉えた快心の作と思えたので、夢二さんに捧げようと図々しくお宿の福島ホテルを訪ねた。

夢二さんは、おそらく紺絣《こんがすり》を着た二十歳ばかりの田舎少年が何の用で来たか、と思われたであろうが、快く会ってくださった。

楽譜をさし上げ、私が歌ってお聞かせすると、大変喜んでくださった。何のお礼もないからと傍らのスケッチブックを取り上げると、鉛筆でさらさらと吾妻山を描いてくださった。私はすっかり感激してしまった。天下の竹久夢二だからきっと尊大な人だろうと、こわごわ伺ったのに、非常に柔らかで温和なその人柄に打たれ、深い感銘を受けた。

どの歌も私には身に染みるものだったが、レコードには次の三篇《ぺん》を選ぶことにした。

遠い山河たずねて来たに吾妻しぐれて見えもせず

川をへだてた弁天山の松にことづてしてたもれ
信夫《しのぶ》お山におびときかけりゃ松葉ちらしの伊達《だて》模様

弁天山は、市の南を流れる阿武隈川を隔てて見える丘陵。信夫山はお山と呼ばれ、桜の名所であり、市民の散策の場所として親しまれている。

福島には夢二愛好家がわりに多く、地元新聞の福島民報社長中目元治氏や、福島ホテル社長の杉山氏等が多くの作品を蒐《しゅう》集《しゅう》していた。既に大正年間に二回ほど福島で画展が開かれ、大正七年頃の会に、まだ私は小学生だったが見に行った記憶がある。

余談ではあるが、私の従姉《いとこ》が「月下舟遊」と題した夢二の絹本《けんぽん》を持っていた。王朝風の男が舟の上で琵琶《びわ》を弾き、向かい合った女は顔に両手を押し当ててうなだれている。水色の満月が水平線上に大きな半円を見せ、全体が淡く夢幻的な世界の絵である。

私はこの絵が欲しくてたまらなかった。後年、従姉にベートーベンの第九のレコードを買ってくれと頼まれた折、代金の代わりにその絵と交換してついに入手した。

昭和五年七月頃、夢二さんはまた福島で個展を開かれた。この時は絵ばかりでなく自作の人形や、扇に水彩や詩を描いたものなど多彩だった。私は結婚後間もない妻を夢二さんに紹介した。話をしているうち夢二さんはつっと手を伸ばし、壁に飾った扇子の一つを取って気軽に「はい」と妻にくださった。桃色の薄絹にすかんぽを緑で描いたものである。

すかんぼの酸きをかめばたらちねの
　母をぞしのべ伊香保《いかほ》の山に

さらさらと散らし書きの詩が、遠い豊橋《とよはし》の母と別れてきた若い妻には一層うれしかったらしい。「芸術的な深い瞳でやさしい方ね」と、この思いがけない贈物に感激していた。

その後もずい分文通があったが、ここに最後の挨拶状を掲げる。妻が大切に保存していたものである。

竹久夢二の手紙（原文のまま）

九月下旬に神戸へ上陸すると現れた病状を素人考に風邪と定め、冬は内地よりも凌《しの》ぎよいかと出向た台湾が案外の低気圧で、却《かえつ》て病気を重くし拠《よんどころ》なく松原の旧居へ引上げた。ただもう眠いのを幸ひ暮も正月もつきあひもへつたくれも病気の気遣ひもほつたらかし、夜も昼も打通《ぶっとお》して寝ていた所を、正木博士の見舞いをうけ確実に病人と決まり死ぬまで寝るに及ぶまいと、博士に命万端一任して不取敢《とりあえず》ここへ入院しました。何がさて、寝ながらで、長い旅の間忘れて居た、青空も山も川も一眸《いちぼう》のうちにある快適な朝夕です。まづこうして秋頃までもこもるとすると、いづれ諸方へ御疎遠勝ちにならうかと、あらかじめ御詫《おわ》びをかね老来身辺御報告まで。匆々《そうそう》

九年一月

信州・富士見・高原日光療養所

竹久夢生

古関裕而様

金子様

この手紙の八か月後の九月一日に信州の療養所で不帰の客となられたのである。

さて、こうして吹き込みされ発売された私の最初のレコード「福島行進曲」「福島夜曲」は、期待していたほどの成績は上げられなかった。

早稲田大学応援歌「紺碧《こんぺき》の空」

作詞　住《すみ》　治男《はるお》
合唱　早稲田大学応援部

一　紺碧の空　仰ぐ日輪
光輝あまねき伝統のもと
すぐりし精鋭闘志は燃えて
理想の王座を占むる者われ等《ら》
早稲田　早稲田　覇者　覇者　早稲田

二　青春の時　望む栄光
威力敵無き精華の誇
見よこの陣頭歓喜あふれて
理想の王座を占むる者われ等
早稲田　早稲田　覇者　覇者　早稲田

時は昭和六年、五月に六大学野球リーグ戦が開幕した。白眉の早慶戦が今しも覇を競っている最中《さなか》、初夏の陽《ひ》がさんさんとふりそそぐ神宮野球場から、早大生の迫力ある大合唱が湧き上がった。試合は早稲田の大勝利に終わり、興奮した若者たちの合唱は、野球場からさらに夜の巷《ちまた》にまで繰り出されていった。

こうした幸運の星のもとに「紺碧の空」は、私の最初のヒットとして生まれた。以来、半世紀の間、慶大の「若き血」と並び、必ず早慶戦にこの曲が歌われている。

上京してまだ間もない頃、妻は帝国音楽学校に入学した。そこに伊藤久男《いとうひさお》君がいた。彼は私と同郷、福島県生まれであった。最初農大の学生だったが、声楽への志望やみがたく、ついに農大を中途退学して妻と同じ学校の声楽科に入学した。当時、私は妻の通学の便を考えて、阿佐ヶ谷から世田谷代田《せたがやだいた》に引っ越していた。それがたまたま伊藤君の下宿の近くでもあった。そんな訳で、彼はいつも私宅へ遊びに来ては夜遅くまで話し込んだりしていた。

さて、この伊藤君の従兄弟《いとこ》の伊藤戊《しげる》君が、早大応援部の幹部として活躍していたが、ある日伊藤君の下宿で戊君に会った時応援歌を頼まれた。それがこの曲である。

その頃早大では、いつの早慶戦にも慶応の〝若き血に燃ゆる者――〟の歌声に押されて意気が上がらないので、このへんで新しい応援歌を作ろうということになり、歌詞を早大全学生から募集した。

選ばれた歌詞は、当時高等師範部の学生だった住治男君の作「紺碧の空」であった。選者の一人、西条八十氏は、

「ほとんど訂正するところのない素晴らしい作詞だ。ただ〝覇者、覇者、早稲田〟というところは気にかかる。きっと作曲上難しいだろうから、これは相当の謝礼金をつんで、山田耕筰とか中山晋平といった大家に依頼しなくては駄目だ」

と言われた。応援部の連中は、この言葉にカチンときたそうだ。副団長だった高山三夫君はカッとなり、

「先生は早稲田の教授でしょう。早稲田に生きるものが金銭的にはかるとは何事ですか」

と一喝したらしい。後年、高山君は初めてこのことを私に話して、

「あの時は西条先生に大変すまないことを言ってしまった」

と反省しておられた。

伊藤戊君の話を聞いて、早稲田のためにいい曲をつくりましょうと引き受けたものの、まだ応援歌は経験も浅く、なかなか歌詞にピッタリした旋律が浮かばない。一日延ばしにしているうちに、早大の発表会は目前に迫っていた。

応援団の幹部は気が気でないらしく、連日のように我が家へ押しかけてくる。それも恐ろしく髯《ひげ》を伸ばした猛者《もさ》が、七、八名連れだって新婚早々の狭い洋間に入り込む。

年若い妻は私の留守中、何時間もお茶よお菓子よと接待に努めたが、一番心配だったのは、安普請の床で重量のある彼等が動きまわることで、そのたびにヒヤヒヤしていたという。

作曲は発表会の三日前に完成した。滑り込みセーフというところだった。応援団の中には「少し難しすぎる」という声もあったが、私は自信があったのでそのまま発表した。時に二十二歳であった。

当時、早大応援歌は、第一応援歌「競技の使命」（山田耕筰作曲）をはじめとして、中山晋平、近衛《このえ》秀麿《ひでまろ》等、一流の作曲家のものがあり、「紺碧の空」は第六応援歌であった。

慶応側も早大が新曲を作成中らしいと知り、当時の新進作曲家、橋本国彦《はしもとくにひこ》に「ブルー・レッド・アンド・ブルー」を作らせたので、早慶戦は期せずして両校の新応援歌合戦ともなってしまった。

そして、早大は伊達正男投手の三日連投という大奮闘でついに栄冠を獲得。同時に「紺碧の空」も世に広まり、年々歳々早稲田の学生に歌いつがれ、現在では校歌に次ぐ第一応援歌となっている。

去る四十六年秋、早大恒例の稲穂祭《いなほさい》は「紺碧の空、四十周年、感謝の夕べ」として、村井資長《むらいすけなが》総長から感謝状と記念品をいただいた。

また、五十一年十月末には、この曲の四十五周年を記念して、同大学大隈《おおくま》庭園内に記念碑が建立された。

作詞者の住治男君はよく遊びに来られたが、岩波書店に就職し、昭和十年頃まだ若くして病没されたのは、全く惜しまれてならない。

北原白秋と「平右ェ門《へいねも》」

作詞　北原白秋
歌　藤山一郎

昭和六年に発売したレコードに「平右ェ門」がある。

へへのへのへの　へいねもさまは
へへのへのへで　いねこいた

と言った飄逸《ひょういつ》な民謡調の私の好きな詩で、まだ十八、九歳だった私が「白秋民謡集」の中から選んで作曲したものである。

何かの折に、コロムビアの加藤ディレクターに聞かせたところ、「これは面白いから吹き込みしよう」と乗り気になった。

その頃、古賀政男《こがまさお》さんの「酒は涙か溜息《ためいき》か」で専属になったばかりの藤山一郎《ふじやまいちろう》さんが歌うことになった。これが藤山さんとの最初の出会いである。

やがて「平右ェ門」のレコードが発売され、この曲を聞いた北原白秋氏が、

「これは僕の詩の気分にぴったりした大変面白い曲だ。これを作曲した青年に会いたい」

と望まれたので、某日お宅へ伺った。

白秋氏は祖師ヶ谷大蔵《そしがやおおくら》に住んでおられ、私宅からは小田急線で十分くらいであった。応接間に案内され、しばらく待っていると、小肥《こぶと》りで中国服姿の白秋氏が入って来られた。

吹き抜けの応接間で音楽や詩の話をしていると、二階の扉が開いて、

「へへのへの……」

と大きな声がした。見上げると、坊ちゃんが歌いながら階段をかけ降りてきて部屋を走り抜けて行った。隆太郎君である。私は思わず笑い出し、白秋氏も、

「この歌が大好きでね」

と、美髯《びぜん》をたくわえた口元をほころばせた。

氏はヘビースモーカーで、テーブルの上の菓子鉢に山盛りの敷島《しきしま》（口付煙草《タバコ》）を次から次へと吸う。私は驚いてしまう。出された紅茶を飲んでしばらくすると、私は顔がほてって酔ったようになった。ウイスキー入り紅茶だったのだ。これには酒豪の白秋氏が

驚かれた。

これが縁で、その後はしばしば白秋宅を訪ねるようになった。私は「白秋会」の会員にもなった。年に一回催される白秋会には必ず出席した。そこで多くの詩人や作家、音楽家に紹介され、私の交友関係は徐々に広がっていった。

山田耕筰先生の温情

「平右ェ門」が発売されて間もないある日、コロムビアの文芸部で山田耕筰先生にお会いした。

「今度の『平右ェ門』は民謡風で大変面白いし、意表をついた曲だね。今後もしっかりやりたまえ」

と言ってくださった。この励ましの言葉は何にも増してうれしく、私の頬は紅潮し、涙があふれそうになった。

かつて福島から上京し、先生の事務所を訪ね、自分のオーケストラ・スコアに批評を乞うたことがあった。その時先生は、

「今忙しいから預っておく。大切な楽譜だろうから金庫の中にしまっておくね」

と傍らの大きな金庫を指さし微笑《ほほえ》まれた。そして、

「ちょうど明日、新交響楽団の練習があるから、日比谷《ひびや》公会堂へ午後一時に来たまえ。曲はチャイコフスキーの『悲愴《ひそう》』だよ」

と言って気軽に誘ってくださった。

先生の親切なお言葉に甘え、やはり音楽好きで合唱団にも所属している従兄弟と共に、日比谷公会堂へ行った。

山田先生の軽やかに振るバートンにつれて流れる音楽の流麗な響きの素晴らしさ。時々、表現の不十分な点を指摘し、詳しく説明してから再びバートンを振られる先生。

私にとっては何もかもが珍しく、また同時に音楽の道の厳しさを感じた。

練習の終了後、楽屋に行ってお礼を述べると、先生は鞄《かばん》の中から昨日の私の楽譜を出して、

「今日、ちょっと見たが、まだまだ勉強しなければいけないね」

と渡してくださった。

私は「平右ェ門」のことを誉《ほ》められた時、これらのことをまざまざと思い浮かべたのであった。

「日米野球行進曲」

作詞　久米正雄
合唱　コロムビア合唱団

世情不安の昭和六年にも一つの朗報があった。十一月に、読売新聞がアメリカのプロ野球選抜チームを招聘《しょうへい》したことである。

フィラデルフィアのアスレティック・チームを主体として、グローブ、カクレン、ゲーリッグ、シモンズ、オドール等の名選手ぞろいであった。これに対して我が軍は、まだプロ野球チームの発足する以前であったので、東京六大学のチームがそれぞれ対戦し、選抜混合チームを結成して試合に臨んだ。

当時、六大学中「紺碧の空」の早大に伊達投手あり、慶応には梶上初一《かじうえはついち》を主将として水原茂《みずはらしげる》さんがいた。水原さんは現在、私と同じ東京世田谷ロータリー・クラブの会員で、毎週一度の例会に親しくしているが、その当時を回顧して、

「対早大戦の時、前半は早大が優勢でしたが、七回目あたりからグローブの投げるいわゆるスモーク・ボールに悩まされ散々でした。それにしてもあのグローブの球は物凄《ものすご》かった」

と語ってくれた。

さてコロムビアでは、さっそく読売新聞とタイアップして歓迎の意味で歌を作ることになり、久米正雄《くめまさお》氏が作詞し私の作曲で発表した。

すいと投げこむ速球の
目にもとまらぬ物凄さ
野末を走る稲妻の
まこと草葉を薙《な》ぐと言う
来《きた》れ！迎えん大リーグ
いざや迎えん大リーグ
（以下略）

このような歌詞なので作曲には速さも出さなければならないが「まこと草葉を――」というのんびりした形容もあり苦労した。

ようやく曲が完成した頃、米国チーム歓迎会が日比谷公会堂で開催されることになった。その際、この歌を新交響楽団の伴奏で、大合唱団が合唱することに決まった。伴奏は私が三管編成のシンフォニーオーケストラに書きおろし、私自身が指揮をすることになった。

当時、東京市内随一の音楽の殿堂といわれた日比谷公会堂で、しかも、日本に一つしかないオーケストラである新交響楽団を指揮するというチャンスがこんなに早く到来するとは、思ってもみなかった。数え年二十三歳。私は張り切って短時日に作曲を終え、荏原《えばら》の練習所に数回指揮の練習に通った。

さて歓迎会も間近に迫ったある日、コロムビアから当日は燕尾服《えんびふく》で指揮するようにとの知らせがあった。困った。今から注文しても間に合わない。ふと思いついたのは、私と体つきの似ている叔父のことだった。叔父は福島、弘前《ひろさき》、白河《しらかわ》の裁判所を判事や所長として回り、一関《いちのせき》で裁判所長を務めた後、定年退職して宇都宮《うつのみや》で公証人役場を開いていた。

叔父に嫁いだのが私の父の妹で、このます子叔母は実子がないため私を我が子のように可愛がり、福島在任中は、私は幼稚園から帰ると毎日のように遊びに行った。叔母は三味線が上手で礼儀作法も厳しかった。私はこの叔母からいろいろ影響を受けた。

白河の所長時代には、夏休みはほとんど叔母の家で過ごした。

その頃、天皇陛下は摂政宮《せつしようのみや》で、妃殿下とご一緒に猪苗代湖畔《いなわしろこはん》の高松宮《たかまつのみや》別邸に避暑に来られた。白河駅ご通過の時叔父は奉迎役で燕尾服に勲章を下げ、叔母は黒紋付姿で揃《そろ》って出かけるところを見ていたので、私は困った途端にその時のことを思い出したのである。

喜んだ叔母は、エナメルのシューズまで貸してくれた。私の晴れの舞台は好評を得て無事終了した。このシューズはやや小さすぎて、足が痛んで困ったことは今でも忘れられない。

この「日米野球行進曲」は、当時の音楽雑誌「音楽の世界」の特別付録として、スコアが添付された。

「肉弾三勇士の歌」の前後

作詞　清水恒雄
歌　長谷川堅二

私がコロムビア専属になった頃、古賀政男さんは既に社員として入社していた。ストップウォッチ片手に吹き込みの記録などを担当していた。私のレコーディングにも幾度か立ち会ってくれたこともある。

時折、うす暗い地下食堂でお茶を飲みながら互いに励まし合い、将来を夢みたものだった。彼は社員としてのかたわら盛んに作曲もやっていた。七月に、藤山一郎君の歌で

「キャンプ小唄」を出し、さらに「酒は涙か溜息か」で決定的な大ヒットを飛ばした。作詞は、当時函館《はこだて》日日新聞社の記者であった高橋掬太郎《たかはしきくたろう》さんである。

古賀さんはやがて社員でなく、専属作曲家として活躍を始めた。

昭和六年には太平洋戦争突入の発端となる満州事変が起こった。

九月十八日、満州（現在の中国東北地方）の柳条湖《りゆうじようこ》で、南満州鉄道線路爆発事件が突発。それを機に関東軍（日本軍）が軍事行動を開始し朝鮮軍も満州に越境出動し、事件は燎原《りようげん》の火の如《ごと》く次第に拡大していった。また内地では冷害によって北海道、東北は大飢饉《だいききん》にみまわれ、農家の子女の身売りの哀話が新聞に暗い影を投げた。

政治的にも、大川周明《おおかわしゆうめい》等の桜会の急進派がクーデターを企てた。いわゆる錦旗革命事件が発覚するなど、まさに多難な年であった。

満州事変勃発で、さっそく各レコード会社は時局流行歌を売り出した。私も二、三作曲させられたが、どれもヒットしなかった。

巷には、エロ・グロ・ナンセンスなどの言葉が流行し、またそれらを題材とした流行歌が氾濫した。若い私にはこの種の世界が馴染めず、作曲もやりにくかった。ディレクターから「もっと社会見学をしなくては」と、しきりに言われたが気も進まず、自分の手がけられる範囲のものだけをコツコツと作曲していた。

それでも軍歌や時局歌、ご当地ソングの類が、次から次へと私のところに依頼されてきた。かつて「紺碧の空」を手がけた男だから、勢いの上がる曲は得意だろうというのである。私は仕事なのだとわり切って引き受け、時勢の流れにまかせていた。

翌七年に入ると満州事変は益々拡大し、一月に錦州《きんしゅう》、二月にはハルビンを占領、三月一日には、満州国建国が宣言された。だが日本を支配する政治家や軍部はいざ知らず、私たち国民には何となく奇異な感じがする慌しい建国であった。

中国では、既に過去の人となっていた清朝《しんちょう》の正統、溥儀《ふぎ》氏を皇帝と定めたが、真に平和が確立したとも思えぬ複雑な満州国であった。

はたして五日には、血盟団員によって三井財閥の團琢磨《だんたくま》氏（作曲家、團伊玖磨《いくま》氏の祖父）が射殺されるという血なまぐさい事件が起きた。国土の狭い日本が、何とかして海外に活路を見出《みいだ》そうとした、苦しいあがきであったのであろう。

その年の十月一日、東京市は隣接の五郡八十二町村と合併して大東京となり、それを記念して西条八十作詞、中山晋平作曲の「丸の内音頭」が生まれた。これが後に「東京音頭」となり、東京はもちろん全国を風靡《ふうび》した。

さて、日本軍がハルビンを占領し、上海《シャンハイ》戦線の廟《びょう》行鎮《こうちん》で敵陣突破が行われた時のことである。大きな爆弾を抱いて敵陣に肉体もろとも突入した三勇士のことが、各新聞に大々的に報道された。

期せずして、朝日、東京日日（現毎日）両新聞社は、この挺身隊《ていしんたい》の歌を募集し、それぞれ、コロムビア（朝日）、ビクター（東京日日）とタイアップしてレコード化した。

朝日新聞の一等は、芸術的歌曲風に作曲した山田耕筰氏。佳作を、演歌風の古賀政男さん、そしてホームソング風の私の曲で、各人がそれぞれ特色を出した作曲で、私の曲は「肉弾三勇士の歌」であった。

これに対し東京日日新聞では、珍しく歌壇の重鎮、明星派《みようじようは》の与謝野寛《よさのひろし》（鉄幹《てつかん》）氏が一等に当選し、陸軍戸山《とやま》学校軍楽隊作曲で発表した。

朝日新聞は東京で発表会を開催後、すぐ大阪でも発表会を催した。私たち作曲家三名と歌手が揃って下阪し、新装なった朝日会館ホールで盛大な演奏が行われた。これが私の関西でのデビューとなった。

その時、自分の曲は、自分で指揮をするのだが、どうも私はうまくいかない。そこで、山田先生に一、二度指導していただき、なんとかその演奏会には間に合わせた。私は、指揮の勉強を正式に習ったことは一度もない。

当時、東京の楽壇ではヴォーカル・フォア合唱団が活躍していた。ソプラノ、松平《まつだいら》里子《さとこ》、メゾソプラノ、平井美奈子《ひらいみなこ》、テナー、内田栄一《うちだえいいち》、バス、下八川圭祐《しもやかわけいすけ》が主宰者となって、多くの団員と共に放送や演奏会に活躍していた。

慶応大学生であった私の従兄弟今泉正が、このヴォーカル・フォアに所属していた。そこで私たち夫婦は、上京すると間もなくこの合唱団に入った。妻が練習に通うのに私が同伴でついていくうち、歌声につれて私もバスを歌うハメになった。妻はソプラノを歌っていた。

団員の中には、銀座松屋デパート経営者の古屋さんやテレビのコマーシャル「クイン・トリックス」で好評だった坊屋《ぼうや》三郎《さぶろう》君もいた。本名は柴田《しばた》といったが、その頃から茶目気たっぷりで皆を笑わせてばかりいたので、「坊や、坊や」と愛称され、それがついに今日の芸名、坊屋三郎になった。

ヴォーカル・フォアの合唱で、妻が愛宕山《あたごやま》の放送局から初めて独唱放送した時、放送料を寄付して全員で横浜に遊びに行った。とある丘で、私たちは、即座にオペラ「カルメン」をやった。坊やが妻の羽織をぬがせて裏返し、赤い方を出してエスカミリオになったり、牛になったり。全員がたちまち「カルメン」を合唱して、時ならぬ野外劇となった愉快さは忘れられない。

また、松平里子さんの友人古筆愛子さんの家で、ハーモニカの勉強会を始めたのもその頃である。四名ほどが週一回、築地《つきじ》の彼女の家に集合して、音楽理論家の大家、菅原《すがわら》明朗《めいろう》氏から、リムスキー・コルサコフの本を基にして勉強した。約二年間のこの本格的な理論研究が、後の私の作曲に大きな力となった。

その頃、コロムビアで顔見知りの宮田東峰《みやたとうほう》氏から「ミヤタ・バンド」の指揮を依頼された。ちょうど指揮者がいないというので、私は引き受けることにした。

このハーモニカ・バンドは、それまで行進曲やポピュラーな曲ばかり演奏していたが、私はレパートリーを一変させて、ドビュッシーやラベル、ストラビンスキーなどの近代曲や、独奏者の上原秋雄さんを生かして、メンデルスゾーンやベートーベンの「バイオリン・コンチェルト」を演奏して、ハーモニカ界を驚かせた。しかし、私も次第に作曲の仕事が忙しくなり、三年間で「ミヤタ・バンド」を辞した。

「利根《とね》の舟唄」

作詞　高橋掬太郎
歌　松平《まつだいら》　晃《あきら》

一　利根の朝霧　櫓柄《ろづか》がぬれる
　　恋の潮来《いたこ》は　恋の潮来は
　　身もぬれる

二　夢の浮島　情の出島
　　風に思いの　風に思いの
　　　帆がはらむ
　　　　　　　　　　　（以下略）

この曲は昭和九年の夏発売したものである。

昭和五年に入社以来これといったヒットも出ず、くさっていた私は、今年こそはと思っていた。四月頃コロムビアの作家室（専属の詩人作家のクラブ）で、「酒は涙か溜息か」以来さしたるヒットのなかった高橋掬太郎さんと「何処《どこ》か取材旅行してヒット・ソングを作ろう」ということになり、あれこれ物色した結果水郷の潮来に行くことに決まり、日帰りで二人で出かけた。土浦《つちうら》から一銭蒸気のような古びた船に乗った。乗客は私たちの他に土地の人が三、四人いるだけである。霞ヶ浦《かすみがうら》を渡る風に吹かれながら、湖岸の風物をながめたりして潮来の町で下船した私たちは、ひっそりと静まり返っている町を歩いた。現在と違って観光客はほとんどいなく、淋しい町だった。

そこから船を雇って娘船頭さんの竿《さお》さばきで出島、十二橋と水郷地帯を隅々まで見て回った。佐原《さわら》の町で下船した後帰京した。私は初めての潮来でもあり、ことに十二橋をくぐるたびに小さな水路から突然船が出てきたりしたのには驚かされた。まだ、あやめの季節には早かったが、木々の新芽も美しく、純農村地帯、特に米産地として有名なこの地方の風物に何か引かれるものがあった。高橋さんも盛んにメモを取っており、大いに収穫があったらしい。

一週間ほどして「できましたよ」と高橋さんから見せてもらったのがこの詩である。季節は秋であるが、これはレコード発売のシーズンに合わせたのである。

春の潮来から秋のシーズンを想うのは少々困難だが、あのひっそりとした潮来や静かな木々の影を映す狭い水路を思い浮かべると、私にはすぐメロディーが浮かんだ。作曲が完成して編曲を奥山貞吉《おくやまさだきち》さんに頼む時、「間奏のメロディーには是非尺八を使ってください」と指定した。ローカル・カラーを出すには最適の楽器と考えたからである。

松平晃君の歌で吹き込みが完了し、やがてレコードが発売されると、私が入社以来流行歌として書いた最初のヒットとなった。高橋さんと思わず「取材してよかったね」と喜び合った。

裏面にはやはり水郷もので、同じく高橋さん作詞の「河原すすき」をミス・コロムビアの松原《まつばら》操《みさお》さんの歌で吹き込んだ。一度に二曲生まれたわけである。私としては、この「河原すすき」の方が気に入っている。

「船頭可愛や」

作詞　高橋掬太郎
歌　音丸《おとまる》

一　夢もぬれましょ
汐風《しおかぜ》　夜風
船頭可愛や
エー　船頭可愛や
波まくら

二　千里はなりょうと
思いは一つ
おなじ夜空の
エー　おなじ夜空の
月を見る

（以下略）

「利根の舟唄」のヒットで気をよくした高橋掬太郎氏と私は、翌十年にも「また何処かへ旅行してヒット曲を出したいね」と話し合っていた。そんなある日、高橋氏が「こんな詩ができたよ」と何気なく見せた一篇の詩、それが「船頭可愛や」であった。瀬戸の民謡にある、

船頭可愛や　音戸《おんど》の瀬戸で
一丈五尺の櫓が　しわる

のパラフレーズと、一見してわかった。

この詩は、同じ船でも水郷の小舟でなく大海の豪快な漁師を想う歌である。幸か不幸か「音戸の瀬戸で――」のメロディーを私は知らなかった。

私は、自分の楽想に浮かぶ日本民謡の旋律を生かして作曲した。ディレクターが「これはよい。新人で商家の主婦だが琵琶歌が得意で民謡にピッタリの女性が見つかった。芸妓《げいぎ》らしく音丸と名付けた。レコードは丸くて音が出るからね」と、笑いながら言った。そこでこの曲は、音丸さんに歌ってもらうことになり、さっそく稽古を始めた。

勿論、楽譜は読めないので、ピアノを弾きながら教えた。音丸さんはカンがよく、歌詞のわきに独特の曲線で音の高低、装飾音などを書き入れて非常に熱心だった。

「利根の舟唄」は短調だったが、「船頭可愛や」は瀬戸内海、あるいは遠洋漁業の男を

想う歌なので、長調でいわゆる田舎節で作曲し、間奏には再び尺八を使ってみた。

昭和十年八月、コロムビアは新人音丸のデビュー盤として大宣伝して発売した。最初はあまり反響がなかったが、その年の暮頃からきっかけが何であったか忘れたが猛烈な勢いで流行し始め、瞬く間に全国を風靡した。私は初めて自分で作曲した曲が、どこへ行っても流れている喜びを知った。入社五年目にしての大ヒットであった。

最初クラシック調にと考えて作曲したのだが、音丸さんの歌にはまたそれなりの味があってよかった。


さて、翌十一年六月の印税計算期になった某日、文芸部に行くと、英国人のエドワード氏と部長の松村武重氏がおられて、

「『船頭可愛や』の大ヒットを社長も非常に喜んでいます。それで今まで入社以来の赤字は全部棒引きにして『船頭可愛や』の印税を、最初の一枚からさし上げます」

と言ってくれた。

私はこれを聞いて、感激にしばらくは声も出ないくらいであった。さすがにアメリカ人の社長や、本社から文芸部長補佐として来ているエドワード氏など、外国人経営だけに物分かりがよく鷹揚《おうよう》であると思った。会社の利益に比較したら、私の赤字など微々たるものだったに違いない。が、この厚意に応えるべく、私は一層作曲に力を入れた。

当時のコロムビアは、本社をアメリカに持つ外資系の会社であったが、後に時局の切迫に伴い、日本人の経営に代わった。しかし、それは経営者が代わったというだけで、社員にはほとんど影響がなかったようだ。

ある日、社の応接室で、作曲界の長老、佐々紅華氏に会った時、

「『船頭可愛や』は素晴らしい。民謡調でありながら、君の独創的な旋律がよく出ていて立派だ」

と誉めてくださった。日頃無口な佐々氏の言葉だけに、一層身に染みてうれしかった。

ちょうどこの頃、ヨーロッパで「お蝶《ちょう》夫人」上演などで活躍していた三浦環《みうらたまき》女史が帰国された。コロムビア専属声楽家なので、コロムビア主催のレセプションが盛大に開催された。

たまたま、ビクターからコロムビアに入社して間もない西条八十氏が出席し、三浦女史と盛んに話しておられた。やがて三浦女史のスピーチになった時、その終わり頃に彼女はこんなことを言った。

「実は私、今まで西条先生を女性の詩人で、西条ハナさんだとばかり思っていましたの！」

これには参会者一同大爆笑。さすが高名な西条先生も苦笑しておられた。飾らぬ率直

な三浦女史の一面が感じられた。

その後女史は、偶然「船頭可愛や」を聞いて、「これは素晴らしい。ぜひ私も歌ってレコードに入れたい」との申し込みがあり、私は驚くと同時に欣喜雀躍《きんきじやくやく》。さっそくその吹き込みに立ち会った。

美声の上に、エキスプレッションの巧妙なことは、さすがに世界的歌手だと思った。

これは、勿論青盤レコードになった。当時コロムビアでは、外国の著名な芸術家のレコードのみ青いラベルを貼り、青盤レコードと呼んでいた。日本人の青盤芸術家は、ごくわずかであった。

その後私は、三浦女史に「月のバルカローラ」という、コロラチュラ・ソプラノにふさわしい歌を作曲して献呈したところ、これも女史が吹き込んでレコードになった。

私の青盤レコードは二枚のみだが、その頃コロムビア芸術家としては最高の名誉であった。

三浦環さんと言えばこんな思い出がある。ある日、エドワード氏が、

「古関さん、国技館の相撲の切符が二枚あります。奥様とどうぞ。三浦環さんもいらっしゃいます」

と枡席《ますせき》の切符を二枚くれた。妻は少女時代から環さんのファンで、彼女自身声楽の勉強もしていたので大喜びであった。

さて当日行ってみると、環女史が巨体の上、弟子のEさんも肥《ふと》っているので大変であった。遅れて、当時のバスの歌手下八川圭祐氏が来られたので、私は仕方なく妻を自分のひざの上に乗せて観戦していた。すると環女史はしきりに振り返って、チラリチラリ私たち夫婦を気にして見る。妻はその視線を気にしていたが、私は夢中で取り組みを観《み》ていた。

妻は今でもその時のことを思い出して言う。

「あの時の環さんの表情、羨望とも嫉妬ともつかぬ妙な顔でチラリチラリ。いつまでも心が若いのね。やはり大芸術家は違うわねェ。あの時、環さんはみんなにお寿司《すし》をご馳《ち》走《そう》してくださったわ。今は環さんも亡くなられたし、Eさんは緑内障で目が見えなくなり、草津の療養所にいらっしゃるんですもの。少しずつ時は移り変わっているんですね」

下八川圭祐氏は現在もお元気で、東京声専音楽学校（現昭和音楽大学）長と、藤原歌劇団理事長を務められ活躍しておられる。

万感を胸に

「船頭可愛や」がヒットした昭和十年に忘れられない思い出がある。『文藝春秋』を創刊した菊池寛《きくちかん》が、芥川《あくたがわ》賞・直木《なおき》賞を創設したことである（創刊は大正十二年一月号）。

その時私は、文藝春秋社の依頼で佐藤春夫作詞の「文藝春秋社の歌」を作曲した。私がピアノ伴奏し、ミス・コロムビアの松原操さんの独唱で、その記念式典の当日、発表した。

第一回芥川賞は、石川達三《いしかわたつぞう》氏の「蒼氓《そうぼう》」、直木賞は川口松太郎《かわぐちまつたろう》氏の「鶴八鶴次郎《つるはちつるじろう》」と決定。十月に日比谷公会堂で催された記念式典で授賞式も行われた。

昭和十一年二月に、ロシアの大声楽家、バスのシャリアピンが来日した。妻と共に日比谷公会堂に出向き、その比類のない声量と豊富なエキスプレッションに、本格的な芸術家の真価に酔った。

終演後、外に出ると大雪になっていた。ようやく新宿駅までたどり着いたが小田急線は不通。やむなく新宿三越裏の旅館で、一緒に詰めこまれた多くの客と相部屋で一夜を過ごした。この年は非常に雪の多い年であった。

レコード界では、コロムビア、ビクター、テイチクなどから毎月多くの流行歌が発売され、巷に氾濫していた。

古賀政男さんがコロムビアからテイチクに移り、同社の文芸部長になったのもこの頃であった。

次第に世相は不安になり、暗い風潮の中で人々は少しでも明るい気持ちにと、「東京ラプソディー」や「青い背広で」などをよく歌った。

やがて太平洋戦争に突入。私も何度か戦地や戦跡に出向き、悲惨な様子を目の当たりにしてきた。それらの経験が「露営の歌」や「暁に祈る」「ラバウル海軍航空隊」等の歌となり、国民のために少しでも役に立てたことはよかったと思う。

ここでは、終戦までのいくつかのエピソードを述べてみたい。

「露営の歌」とその反響

作詞　藪内《やぶうち》喜《き》一郎《いちろう》
歌　中野《なかの》忠晴《ただはる》・松平　晃・伊藤久男

霧島《きりしま》　昇《のぼる》・佐々木《ささき》　章《あきら》

一　勝って来るぞと勇ましく
　ちかって故郷《くに》を出たからは
　手柄たてずに死なれよか
　進軍ラッパ聞くたびに
　瞼《まぶた》に浮かぶ旗の波

二　土も草木も火と燃える
　果てなき荒野《こうや》踏みわけて
　進む日の丸鉄兜《てつかぶと》
　馬のたてがみ撫《な》でながら
　明日の生命《いのち》を誰か知る
（以下略）

「露営の歌」は、昭和十二年九月、「進軍の歌」のレコードの裏面のために作曲したものである。

この年の春頃から妻と話し合って、満州に住む妻の兄や妹に長く会わないから、見物がてら夏休みに二人で満州旅行をしようと計画を立てていた。現在のように空路が開かれていないから、海外旅行はすべて船によっていた。

妻は少女時代、女学校を卒業すると同時に、大連《だいれん》（現ダルニー）の兄のところに半年ほど遊びに行ったことがあり、私もかねて行きたいと考えていた。

満州は、王道楽土といわれ、建国精神に燃えていた時である。旅行の準備も整った頃盧溝橋《ろこうきょう》事件が起き、満州も戦火に見舞われる危険があるかも知れないというので、義弟から中止したらという電報が来た。

しかし、すべておぜん立てができていたので、私たちは七月下旬神戸から吉林丸《きつりんまる》で出発した。豪華な船中で輪投げを楽しんだり、お望み通りのぜいたくな食事をしたりした。初めての船旅は快適であった。

朝もやにかすむ大連港に着くと、埠頭《ふとう》で働く苦力《クーリー》の姿、内地ではあまり見られなくなった馬車《マーチヨ》、人力車（洋車《ヤンチヨ》）などすべてがエキゾティックに映り、やはり来てよかったと思った。

当時の大連は自由貿易港で、無税の外国商品を並べている商店も珍しく興味深かった。コロムビアの支店の人々が歓迎座談会を開いてくれたり、兄の家族の子供と初対面したり、市内見物をしたりするうち数日はたちまちのうちに過ぎた。

大連から奉天《ほうてん》までは満鉄の誇る特急「あじあ号」に乗った。内地の国鉄では見られない広軌だから、車内は幅広くゆったりしている。発車後間もなく、おしぼりやお茶のサービスまであった。私たちはシートを窓に向けて並べて大平原の風景を見守った。

奉天では、コロムビアの支店長の案内で北陵《ほくりょう》や清朝の遺跡を見物し、満人街のある奉天城内にも行った。この頃既に満人の心の底流には排日の気運が流れていたので、デパートにも日本人は少なく、表面上は好意的ではあったが何となくよそよそしく感じられた。

奉天から新京の急行列車には、義弟が、

「先だっても、レールが河の方へ引き込んであったという事件があった。幸い未然に防げたが、いつ何が起こるか分からないから……」

と、特に警乗兵をつけてくれた。その人は妻の郷里豊橋の出身だったこともあり、ことに親切に世話をしてくれた。

途中の停車駅では、白系ロシア人の子供が遊んでいたのを撮影したりした。

当時、私はフランスのパテー社の九ミリ半のフィルムを使うホーム・ムービーを撮っていた。その頃はパテー・ベビーといって大いに愛用されていた。十六ミリの撮影面積と大差がなく、私の自慢の一つであった。

新京では義弟夫婦と、首都建設の槌音《つちおと》高い市内を見物した。駅前の大和《やまと》ホテルで夜半に非常警報がなり、それは避難訓練のためだったが、地下の方へ案内され驚いた。

ハルビンには、コロムビアのディレクター、山内義富氏の兄上が秋林《チユーリン》洋行（デパート）の支配人をしておられ、あちこちを案内してくれたり、松花江《スンガリー》の中州にある太陽島の別荘にも招待してくれた。白系ロシア人が岸の砂上で水着のままのんびり日光浴をしていた。カメラも忙しかった。

松花江畔《ほとり》には豪華なヨットクラブがあり、ロシア人のバンドがロシア民謡などを演奏していた。日本には「ヴォルガの舟唄」などのごく少数の曲しか知られていなかったので、私はロシア料理もそこそこに採譜を始めた。すると、バンド・マスターが来て、

「楽譜が欲しいなら書いてあげます」

と言ってくれた。そこで私は数曲の楽譜を入手することができた。

少年時代からロシア民謡が大好きだったので、秋林洋行でも多くの野性的な民謡のレコードを買い集めたし、また松花江のヨットの白帆を眺めながら、ロシア人の演奏を生で聞いたことは私には大きな収穫であった。

市内のロシア正教の中央寺院や、ロシア人墓地、歓楽街、キタイスカヤ通りのショッピング等々、興味は尽きることがなかった。

帰路は湯崗子《とうこうし》温泉で一泊し、約三週間ぶりに大連に戻り、最後に旅順《りよじゆん》を説明つきの観光バスで見物した。妻の父も参戦した古戦場である。

乃木《のぎ》将軍とステッセル将軍が和平会談した水師営《すいしえい》のナツメの木、小学校唱歌にも歌わ

れた〝庭に一本《ひともと》ナツメの木――〟の所で記念撮影をしたりした。崩れかけた半地下壕《はんちかごう》のあたりに

激戦地の二〇三高地や、東鶏冠山《とうけいかんざん》の砲塁の跡も見た。は砲弾の痕も生々しく、内部の銃眼から外をのぞくと、暑い陽射《ひざ》しの中に乾いたような

夏草が揺れ、壕の隅では虫がチチ――と鳴いていた。戦争を知らない私たちは、絵

本や教科書で、広瀬中佐が旅順港封鎖のために沈めた船から引き揚げる時、杉野は居ずや杉野兵曹長

の姿が見えないのでさがすうちに敵弾に倒れたことを、「杉野はいずこ、杉野は居ずや

――」の歌に残る過去の歴史としてしか受け止めていなかった。が今、血、肉の飛び散

ったであろう大地に立つと、力で奪う国の領土争いの悲惨な犠牲の痛ましさに感慨無量

だった。満州旅行中最も印象的な所であった。子供たちが掘り出した弾丸の破片を売っ

ている姿も哀れなものとして胸に残った。

長い旅行を終えて、再び大連港から神戸へと帰国の途についた。虫が知らせるのか、

妻は兄との別れのテープを握って泣いていた。妻とその兄はそれから十年余の間、会う

ことができなかったのである。

船は来た時と同じ吉林丸。豪華な一等船室での楽しい船旅の二日目の昼頃、ボーイが

一通の電報を届けに来た。もしやあずけてきた子供が病気にでもと不安な気持ちになっ

た。しかし、それはコロムビア文芸部からで、

「急ぎの作曲があるから神戸で下船しないで門司《もじ》から特急で上京されたい」

との内容。門司と神戸間は船でまる一日かかるので、東京に着くのは二日後になる。そのように急ぐ作曲とは何だろうと思いながら、とにかく門司で下船した。フェリーで下関《しものせき》に渡り、駅前旅館で休み、朝食をとり、久しぶりに内地の新聞を読んだ。

東京日日新聞を広げた途端目に入ったのが「進軍の歌」発表で、第一面に大きく懸賞募集の結果が、第一席から佳作まで載っていた。近日、コロムビアで吹き込みをする予定とか。第一席は既に陸軍戸山学校軍楽隊が作曲したことや、第二席の詩について北原白秋氏が選者の一人として語った記事が載っていた。

「第二席は、兵士自身の歌として作られており優れている。もし、これに素晴らしい曲がつくならば、日露戦争の時の『戦友の唄』に匹敵する歌が生まれるかも知れない」

そして、作詞者は藪内喜一郎と出ていた。

その頃は特急券もすぐ入手できた。それでも東京まで「富士号」で十数時間だから、読書したりトランプをしてもまだ退屈だった。

そこで思い出したのが懸賞募集第二席の歌。東京日日新聞を広げ、五線紙を取り出した。〝勝って来るぞと勇ましく〟の出征兵士の出発状況は、山陽線の各駅で既に見られた光景で、武運長久の旗をなびかせたり、日の丸の旗をふる家族の涙で目を赤くしていた様子など胸を打つものがあった。

また、〝土も草木も火と燃える〟とか〝鳴いてくれるな草の虫〟など、詩は旅順で見たままの光景で、私には、あの戦跡のかつての兵士の心がそのまま伝わってくるのであった。夏草の揺れ、虫の声もそこにあった。

汽車の揺れるリズムの中で、ごく自然にすらすらと作曲してしまった。私はその楽譜を妻に見せて二人で歌ったりした。

東京に着くと、私だけその足でコロムビアにかけつけた。担当のディレクターに、

「急ぎの曲って何ですか」

と問うと、なんとそれが「進軍の歌」第二席の歌。ディレクターは、募集の意義や、レコードのA面として「進軍の歌」は既に吹き込み済みであり、B面として第二席を「露営の歌」として作ることなどを説明した。

私は、あまりの偶然に驚きながらも、

「あッ、それならもう車中で作曲しました」

と譜面を取り出したら、ディレクターはびっくり。

「どうして分かりましたか」

「そこはそれ、作曲家の第六感ですよ」

と言って聞かせると、

「ちょうど短調の曲が欲しかったところなんです」

と大喜び。すぐ新聞の関係者を呼び、再び試聴してもらい決定した。

この曲は〝勝って来るぞと勇ましく――ちかって〟の〝く〟と〝ち〟の間を息継ぎなしで続けることになるので、息が続くかどうかという懸念に、伊藤久男君は、

「これくらい、何でもない。楽に歌えるよ」

と言ってくれたのでそのままにした。
二、三日後に吹き込んだが、当時のコロムビアの男性歌手総動員という力の入れ方であり、私も帰宅した夜に前奏も後奏も一気呵成《いっきかせい》に書き上げた。
レコードは、超スピードで九月中旬に発売され、新聞社もコロムビアも大々的に宣伝した。

しかし、そのわりには売れず出征兵士の見送りに歌われるのは「日本陸軍の歌」の、

〝天に代わりて不義を討つ――〟

という歌だった。

発売後、約二か月たったある日、東京日日新聞の夕刊に、「前線の勇士『露営の歌』を大合唱す」との見出しで、上海戦線で兵士たちが、ポータブル蓄音器を囲んで手を振りながら合唱している写真が載っていた。そして従軍記者は次のように記していた。

「最前線の勇士たちは『進軍の歌』が届くとさっそく、ポータブルにかけて聞いた。兵

士たちは、『進軍の歌』よりも『露営の歌』を好み、何回もかけてついに聞いている兵士が全員合唱した」

私は、その大きな写真を見、この記事を読み、この歌によって兵士が戦いの疲れをいやし、気持ちが和み励まされていることを知り、作曲した甲斐《かい》があった、としみじみ感じた。

そして、あの先人が闘った旅順戦跡の私に与えた強烈な印象が、メロディーになって一つの結晶、「露営の歌」になったことに、何か神秘的なものを感じた。そして経験がどんなに重要なものかを痛感した。

それから間もなく会社では文芸部長が、

「昨日は何万枚。一昨日《おととい》も何万枚出荷。これは、レコード界未曽有のヒットになりますよ」

と私の手を握りながら喜んでくれた。

事実、東京市内レコード店でも、新橋駅でも、私が乗り換える新宿駅でも歓送風景には、

〝勝って来るぞと勇ましく――〟

の合唱が渦となって私の耳に入ってきた。

その頃、故郷の母からの便りにも、

「婦人会で出征兵士の見送りに行くと、皆が小旗を振って、お前の作った歌ばかり歌います。近所の人々も『息子さんの作った歌ですってねえ』と声をかけてくれたりして、何となく晴れがましい気持ちです。

五年前、お前が東京に出た時、親類中が、『歌なんか作って――。せいぜい演歌師が関の山だ』とか悪口を言っていたけれど、この頃は手のひらを返したようにチヤホヤします」

と、書いてあり、私はようやく一つ親孝行ができた、とうれしかった。


この昭和十二年十二月十二日、ついに南京《ナンキン》は陥落。軍部の勝報に日本中は沸きかえり、東京でも大提燈《ちょうちん》行列が行われた。

コロムビアからも社員も芸術家も参加し、私も提燈行列に加わった。

宮城前は火の海。〝勝って来るぞと勇ましく〟は、勝利の歌にはふさわしく、どの行進にも合唱となり歩調をとった。


さて、この「露営の歌」の作詞者、藪内喜一郎君は奈良県の出身。昭和十一年頃には扇とカレンダーのセールスマンになって満州に行ったりして苦労したとか。やはりこの体験が作詞に大いに影響したことと思われる。「進軍の歌」に応募した当時は、京都市役所土木部右京区出張所に勤務していた。しかし、当選、ヒットとなると出張所から市役所土木部に栄転した。

藪内君の友人に東京日日新聞京都支局の岸田記者がいて「露営の歌碑」を建てようという話が盛り上がった。そして京都嵐山保勝会と右京在郷軍人会連合分会の音頭で話は進められた。建立の地は天下の名勝嵐山の地が選ばれた。

この嵐山は風致地区に指定されており碑など一切建てることができなかったのだが、どういう訳か容易に許可がおり、昭和十三年七月七日、盧溝橋事件後、一年目に、その除幕式が盛大に挙行された。

石は保津川《ほづがわ》から採った自然石、高さ約二メートル、幅一メートル五十センチ、厚さ六十センチ。

碑面には、次のような文字が刻まれている。

露営の歌

勝って来るぞと

勇ましく

陸軍大将　松井石根《まついいわね》

松井大将は、当時支那派遣軍総司令官であり、軍きっての能筆家でもあった。

現在、この拓本は表装して私が所蔵しているが、雄渾《ゆうこん》な筆勢は、さすがに立派である。碑の建設場所は保津川の嵐山、渡月橋《とげつきょう》を渡って、保津川下りの船着場より、少し上流に行った松林の中である。

私は終戦後初めて京都に行った時、この碑が進駐軍によって撤去されているのでは、など懸念しながら嵐山を訪ねた。ところが、そのあたりには茶屋が並び、尋ねても知らないという。確かにこのあたり、と思う地点に行って見ると、あった。

売店がその前に立ちはだかっていた。

苔《こけ》むしても見上げるばかりに厳然と気品のある姿で建っていた。思いもかけぬ敗戦となり、戦犯となられて死刑に処された松井石根大将の温顔や、その苦衷が想われ、

〝勝って来るぞと勇ましく〟

と歌って生命を賭して行かれた人々、その戦争で失われたものの大きさが、一度に胸に込み上げてきた。

しかし、これもその時代のまさしく存在した戦跡の一つとして残るに違いない。

「露営の歌」の前奏のメロディーが美しいからこれに歌詞をつけよう、という声が起こり、西条八十氏が作詞し「さくら進軍」が生まれた。

こういうことは、レコード界ではかつてなかった。一つの歌が二つに切られてそれぞれ生きた。まるでとかげのようなものである。

歌手は、松平晃、霧島昇さんだった。

あの前奏をご記憶の方は一度、次の歌詞をつけてお歌いください。

一　日本ざくらの枝のびて
　花は　亜細亜《アジア》に　みだれ咲く
　意気で咲け　さくら花
　揚《あが》る凱歌《がいか》の　朝ぼらけ

二　天下無敵の　荒鷲《あらわし》の
　姿たのもし　花の空
　意気で咲け　さくら花
　君もみ空の　航空兵

（以下略）

西条氏ならではの美しい詩情である。

さて「露営の歌」が大ヒットしたので、コロムビアは再度ヒットをはかり「続露営の歌」なるものを制作した。つかず離れずの曲にしてくれとの依頼だったが、なんとも作曲しにくかった。佐藤惣之助《さとうそうのすけ》氏が作詞し、歌を霧島昇、伊藤久男の両氏が歌った。はたして、柳の下にいつもどじょうがいるはずもない。大したヒットにはならなかった。ここでは省略する。

なお「露営の歌」は熱心なファンにより英訳され、諸外国にも送られたという。

「愛国の花」

作詞　福田正夫
歌　渡辺はま子

一　真白《ましろ》き富士のけだかさを
心の強い盾として
御国《みくに》につくす女等《おみなら》は
輝く御代《みよ》の山桜
地に咲き匂う　国の花

二　老いたる若き　もろともに
　　国難しのぐ　冬の梅
　　かよわい力　よくあわせ
　　銃後にはげむ　凜々《りり》しさは
　　ゆかしく匂う　国の花
　　　　　（以下略）

これは「続露営の歌」より半年ほど前に作曲したもので、ＮＨＫが制作した国民歌謡の中の一曲である。

当時、時局的な歌謡と共に退廃的な軟弱な歌も氾濫していて、心ある一部の人々から、ひんしゅくを買い、もっと健全な歌曲をという要望が自然に高まり、その声に応えようと、当時の大阪中央放送局文芸課長奥屋熊郎《おくやくまお》氏の発案で、昭和十一年から始められた新作歌謡である。後に国民合唱やラジオ歌謡となったが、最初は大阪から全国放送していた。

第一作は、〝名も知らぬ遠き島より……〟と歌われた島崎藤村《しまざきとうそん》の「椰子《やし》の実」、その後、同じ藤村の〝朝はふたたびここにあり……〟の「朝」、また〝霧は晴れるよ夜が明ける〟の「夜明けの唄」、〝ララ　紅《あか》い花束、車に積んで……〟の「春の唄」等、多くの国民歌謡が生まれたが、毎日電波にのせて普及に努めたわりには、ヒット曲がなかった。

大衆は、やはりレコード会社制作の、人情の機微を歌った曲を好むようだった。

日華事変が拡大しつつある時期だったので、「愛国の花」は、銃後を守る婦人たち対象の歌を、との意向に添って作曲した。

私は女性らしく美しいメロディー、そして明るく楽しく唱和できるように、と三拍子系の八分の六で作曲した。すぐには、さほどの反響もなく、二週間単位の放送が終わってしまった。

四年後、太平洋戦争が起こり、日本軍が南方各地に転進すると共に、日本の歌も兵士たちの、口から、また慰問品や恤兵器《じゅっぺいき》（慰問品を入れるもの）に入ってくるレコード等から、東南アジア各地に広まっていった。あちらの民謡は大部分が長調で、日本的な短調はほとんど無い。沖縄民謡でさえ多くは長調である。ことにインドネシアは、オランダ領でもあった関係で西洋音楽の長調が好まれていた。そしてこの「愛国の花」は徐々に浸透していった。太平洋戦争が苛烈になった昭和十八、九年頃には南方各地の住民まで歌うようになっていた。

インドネシアのスカルノ氏は、戦争中から「愛国の花」を愛唱し、終戦後、独立して大統領になってからも日本語ばかりでなく、インドネシア語に訳し、更にこのメロディーに自作の詩をつけたと、聞いていた。

戦後、昭和四十年十一月二十一日。第二次日本産業見本市の船「さくら丸」が、ジャカルタのタンジュン・プリゥク港に寄港、開場式を行ったが、その時の模様を、読売新聞の特派員は次のように報じている。

「……スパンドリオ外相の挨拶に続いて、スカルノ大統領が、開場テープに鋏《はさみ》を入れた後会場を一巡した。レセプションでは大統領夫妻が茶を楽しんだ後、日本舞踊が披露された。最後にスカルノ大統領みずからマイクに立って声音あふれる声で『愛国の花』を歌い始めると、たちまち日本語、インドネシア語でこれに和する大合唱となり、日イ親善ムードを最高に盛り上げた。

特にインドネシア語の歌詞は、大統領が自分で作詞し、次のような大意のものであった。

日本はサクラを愛し、
サクラを国花としている。
インドネシアは、
ジャスミンの花を国花として愛している。
ともに花を愛する同じアジアの国民だ。
日本もインドネシアも花を愛する心は一つ」

この記事には、マイクの前にスカルノ大統領とデビ夫人を中心にして、日本の関係者が合唱している写真が添えてあった。

話が前後するが、これより三年前の昭和三十七年二月。インドネシアを訪問された皇太子殿下と美智子妃殿下をお慰めするために、宿舎ボゴール宮殿の庭に学生一万人が集まり〝真白き富士のけだかさを——〟と合唱する声が、風邪でご休養中の皇太子殿下のまくら辺に流れこんできたと、東京新聞が伝えていた。

四十九年十二月。モロタイ島で発見された元日本兵の中村輝夫《なかむらてるお》さんを、インドネシア空軍がジャカルタへの移送のため、飛行場までジープで送る間、中村さんを見送る島民がトラックで後を追いながら、インドネシア語で「愛国の花」を歌っているのをテレビで見聞し、このような離島の人々がみな、私の作曲した歌を歌い続けていたことに驚いた。

歌が国境を越え、人種を超えて一つの心に同和する不思議な力をまざまざと感じ、自分の仕事の意義をあらためて感じた。

菊田《きくた》一夫《かずお》さんとの出会い

「露営の歌」が盛んに歌われ出した昭和十二年、その頃、放送局から電話があった（N

HKというのは戦後の呼称である)。

「放送劇の音楽を作曲してもらいたい。作者は菊田一夫さんで、ロッパ一座の出演。原作は、大衆作家、村上浪六《むらかみなみろく》の『当世五人男』」とのこと。

ドラマの音楽は未経験だったから、巧くできるかどうかわからないが、それだけに興味をもって引き受けることにした。

芝の愛宕山放送局に打ち合わせに行って、初めて菊田一夫さんに紹介された。小柄で、鼻下に髭《ひげ》をたくわえ、ちょっと神経質そうに見受けられたが、話してみると案外に優しく、私と同じように少々どもる癖があるので、一層親しみを感じ、この人が、今をときめく古川ロッパ一座の座付作者かと思った。

菊田さんの脚色・演出による「当世五人男」の劇の内容の説明や、主役、古川ロッパの役柄、音楽に対しての注文等、こと細かに話された。

主役のテーマだけでなく、登場する主要人物のモチーフなど、メロディーも幾度も書き直したり、限られた楽器編成のオーケストラに編曲するのにも苦労した。

放送当日、なにしろ放送も、今のようにビデオでなく、全部生放送であったから、本読みからつき合って音楽の練習、歌の稽古、そしてリハーサルの繰り返し。最後に全部を通してのリハーサル。休む時間もなく、本番の放送になる。

イヤホーンを耳にして、台本と音楽のスコアを見ながらの指揮。音楽のきっかけを間違えぬよう細心の注意をする。神経がへとへとに疲れた頃、ようやく三十分の放送が終わった。

菊田さんが、副調室から出て来て、

「良かったですよ。巧くいきました」

と、にこにこした時は、全くホッとした。お世辞だろうがうれしかった。

しかし、これで終わりではない。三日間の連続放送だから、小休憩後二日目のリハーサルが始まるのだ。

その間に夜食として、大皿に山盛りの稲荷《いなり》ずしが三皿も出たが、ロッパ一座や、オーケストラのメンバーも一緒になって食べた。

一つのドラマ放送のためには、出演者以外にも雨や風、足音等々を作る音響効果、その他多くの技術関係に携わる、いわゆる陰の力の人々のなんと多いことか――私は初めてなので驚くことばかりだった。


それから二、三か月後、放送局から電話で「先だっての放送の音楽が大変好評でしたから、やはり菊田さんが脚色・演出したものの音楽をお願いしたい」との依頼があった。

今度は、徳富蘆花《とくとみろか》原作の「思い出の記」であった。出演は新派の人々。これは、私が少年時代の愛読書の一つだったから、内容もよく分かり、曲想もスムースにいき、わりに楽だった。この放送も三夜連続の劇だった。

続いて、同じく菊田さんの脚本による「八軒長屋」の音楽を担当したが、原作は最初と同じ村上浪六。出演もやはりロッパ一座だったので各人の音域も分かっているし、やり易《やす》かった。

これらの連続ドラマ・シリーズの解説は、当時名アナウンサーとしてその名も高かった和田信賢《わだのぶかた》さんが当たり、評判の放送となった。

これ以来、菊田さんは、私の作曲が自分の好みであったのか、次から次へと放送には、私の音楽を求められた。

またついには、当時有楽座で公演していた古川ロッパ一座の劇音楽も依頼されるようになった。戦争中も浅草の劇場で上演する時など、菊田さんは、「今度はこれこれの劇をやるから、音楽を頼むよ」と、私に声をかけてくれた。戦争が激しくなって菊田さんが岩手県に二年ほど疎開されたことがあったが、長く会わなかったのはその時だけである。戦後は、放送、演劇等、菊田作品のほとんど全部を作曲し、昭和四十八年四月に菊田さんが亡くなられるまで、約三十六年間の交遊が続いた。代表的な作品にまつわる思い出等は、また後に詳しく書くことになろう。

中支従軍記

昭和十三年八月、私たち一家は軽井沢で一夏を過ごした。長女の雅子が六歳、次女の紀子《みちこ》が四歳で、私自身はまだ二十九歳。少しぜいたくかも知れないが、子供たちが腺病質のため医師のすすめで、前の年から同じ貸別荘を借りていた。紫外線の豊富な高原を毎日散歩する生活なので、子供たちもめっきり元気になり楽しい日々であった。

その夏の終わり頃、コロムビアからの連絡があり、「中支派遣軍報道部から、従軍と実戦を体験してきてもらいたいと要請があった」ということだった。同行は、詩人として西条八十、佐伯孝夫《さえきたかお》、作曲家は、飯田信夫《いいだのぶお》、深井史郎《ふかいしろう》と私。当時、文壇や、画壇からは既に多くの作家が従軍していたが、楽壇からの派遣は、私たちが最初であった。

実戦の体験といえば、最前線の死地に兵士と共に参加することである。当時の日本男子として、どうしてそれを断ることができようか。若い妻や子供に後ろ髪を引かれる思いも、先のことを案じてもどうにもならないことだった。むしろ、自分の職を通じて国運の勝利や栄えを祈る態度が正しいと思っていた。

佐伯、飯田、深井の三君は、一足先に汽車で博多に出発。それを西条氏等と共に東京駅で見送った翌日、私は、西条氏と二人で飛行機で博多へ出発した。

西条氏は飛行経験があったが、私には、初めてのことで、搭乗前に体重と荷物の計量があり、座席は、そのバランスによって航空会社が席を指定してあった。今のジェット機などとは雲泥の差で、十人乗りくらいの小さな旅客機だったが、双発のロッキードでスピードが速くて、博多まで確か三時間もかからず飛んだように記憶している。

博多で、先発の三人と合流し、翌日再び飛行機で一路上海まで飛んだ。

上海に到着後、報道部に挨拶に行くと部長が、

「皆さん、ご苦労さまです。皆さんの案内と護衛と連絡を兼ねて、下士官一名をつけることにしました。多分、ご存じでしょうが……」

と言い、呼ばれて入って来た人を見て驚いた。なんと、新交響楽団のチェロの首席奏者、鈴木《すず》聰《きあきら》さんだった。このような優秀な芸術家でも軍隊では、一下士官であった。旧知の人であるから一同は喜び安心した。

数日後、いよいよ南京に向かうことになり汽車に乗るため駅に行った。が、そこのプラットホームに停車中の急行列車を見て驚いた。日本の内地の機関車、客車がそっくりそのままあったのだ。日本は狭軌、中国は広軌なのに、なぜ日本の汽車がそのままここで使われているのか、不思議だった。後で聞いたのだが、鉄道省はいつでも広軌になった場合にすぐ変換できるように、機関車、客車、貨車、すべて車軸を長く製造してあったそうだ。上海駅に停《と》まっていたのは、多分ＳＬのＣ51型だったと思う。

上海を出発すると、水郷の蘇州《そしゅう》を過ぎ、広々とした中国大陸の風物は、日本の箱庭的な風景と全く異なり、農耕する農民の姿、太湖《たいこ》に浮かぶ大小の帆船等々、次から次へと目を楽しませてくれた。

南京で、軍指定の旅館に行くと、そこは元銀行の内部を改造した建物だった。市内はまだ電燈がつかずランプで、市民もろうそくの明りをたよりとする家が多かった。

数日、滞在中に、紫金山《しきんざん》に登ったり、孫文《そんぶん》の中山廟《ちゅうざんびょう》や、脇坂部隊が一番乗りした城門等を見て回った。ちょうど先発の文壇部隊も滞在中で、その一人、林芙美子《はやしふみこ》さんの宿舎を皆で訪問、歓待を受けた。私が彼女に会ったのはこれが最初で、また最後であった。小柄で何の飾り気もない女史の勇気や、ズバリズバリいう物言いには目をみはった。

後年、芸術座で「放浪記」を上演した際、音楽を担当した私は、舞台稽古中、森光子《もりみつこ》の熱演を見守りながら、南京で会った女史のことを、しきりに思い浮かべていた。

いよいよ揚子江《ようすこう》を遡行して九江《きゅうこう》まで行くことになり、停泊場司令部に挨拶に行くと司令官が、

「それはご苦労さまですね。ところで船は大型貨物船と、小型の瀬戸内海沿岸を走っていた船がありますが、どちらがいいですか。大型船は船走が早いので独航、小型船は他の船と船団を組んで行きます」

と言った。小型船は「大衆丸」というちっぽけな船。西条先生と我々は相談して、「私たちは、大衆の歌曲を作っているから大衆丸にしよう」ということに一決した。

さて乗船は、赤褐色の濁流の大河というより海のような揚子江を遡行し始めた。夜間は沿岸から砲撃される危険があるので停船し、日中だけ航行するのであった。

最初の夜が明けてさらに進むと、すぐ傍らに赤い船腹に大きな穴をあけ、傾いている貨物船が目にはいった。よく見ると、先日停泊場司令官が指定した、選ばなかったもう一つの船だった。

「あれに乗っていたら今頃どうなっていただろうか」

と、しばらくの間幸運を喜んだ。揚子江の流れは複雑で、泳げる者でも落ちたら助からぬと聞いていたからである。

しかし、ホッとするのも束《つか》の間《ま》で、日中も時折、沿岸から砲撃されることがあった。ある時、皆で寝そべって雑談中、突然間近にドカンと轟音《ごうおん》がした。砲撃だ。私たちは不意をつかれ慌てた。飛び出そうとしてスリッパをはこうとしたが、足ががたがたしてなかなかはけない。ようやくつっかけると、階段を登りデッキに出た。砲撃はやんでいたが、船の煙突に砲弾が命中、直径十センチぐらいの穴があいていた。が、これは航行には支障がなかった。

後で考えると、なぜあの場合スリッパをはこうとしたのか、生活習慣か、裸足《はだし》でもよいのに。また飛び出してもかえって危険だったかもしれないのに、慌てると人は思いがけないことを夢中でするものだ。我ながら滑稽であったが、他の人々も似たりよったりの行動であったようだ。

このようにして大衆丸は、途中、何回か、村落、あるいは町に停泊して夜明けを待った。

停泊中には、上陸して、その地の警備隊の兵士たちと故国のことを語り合った。彼等は異口同音に、故郷に残した肉親への思慕や、望郷の想いを語るのであった。

また、日中の遡行中に、両岸の丘陵地帯の上に、ただ一人監視兵が歩哨《ほしょう》している姿をしばしば見かけたが、日毎《ひごと》、上下する船を眺める彼等の胸中は、と眺める私も辛《つら》い想いだった。

数日後、大衆丸は、大きな鄱陽湖《はようこ》の入口にさしかかった。私たちは九江で下船した。宿舎には、先着の久米正雄や石川達三氏等の文壇部隊が滞在していた。私たちも共に陸軍病院に慰問に行った。ちょうど軍楽隊の演奏会が行われ、私たちはステージの傍らの椅子に掛けて聞いていた。

すると、山口常光《やまぐちつねみつ》隊長が突然私をステージの上に上げて紹介した。私は、なにか挨拶をしようとしたが、酷暑の炎下に座って聞いている多くの兵隊の顔を見た時、その一人一人の肉親が、無事に帰ることを祈っており、はたしてその中の何人が？　と思うと、万感が胸に迫り、絶句して一言もしゃべれなく、ただ涙があふれてきた。

山口常光隊長は昭和四十三年に、「陸軍軍楽隊史」を書かれたが、その中の、「露営の歌の感激」と題した一文を、ここに引用する。

――野天に粗末な仮設ステージが設けられ、椅子も筵《むしろ》もそれこそなんにもない原っぱに腰を下した兵士たち――。およそ演奏会には似つかわしくない会場だが、それでも兵隊たちは数々の演奏にすっかり満足しきってくれている。やがて「露営の歌」の大合唱、まず第一節が終ると私は伴奏を中止させると、マイクに近よって将兵たちに呼びかけた。「みなさん。この〝露営の歌〟はまことに良い歌です。みなさんの力強い歌声にわれわれ軍楽隊もほんとうに感激して、一生懸命に伴奏しました。ところで、このスバらしい歌を作曲した人はどんな方だと思いますか。この哀調をおびた、しかも力強く勇壮なメロディを作曲した人が、みなさんと一緒に、この場所で合唱したらと、考えませんか」と言うと、観衆の将兵たちの間から、いっせいに「ウォーッ」というような歓声と拍手がわき起った。「なにかがあるぞ！」というような期待に彼等の眼《め》は輝いている。そこで私はさらに言葉を続けた。

「実は、この歌の作曲者である古関裕而先生が、いまここにいらっしゃるのです。みなさんの慰問のために、はるばる来られたのです。ぢゃ、古関先生をご紹介いたします」と言うと、たちまち割れんばかりの拍手と歓声が起った。

それまで舞台の袖に立っていた古関氏は、私の紹介をも待たずにツカツカと舞台の中央にあるマイクの前に立って深々と頭を下げる。一瞬、拍手も歓声もやみ、シーンと静まりかえった野天演奏場に、どもるような細い声が聞えた。

「みなさん、ご苦労さんです。私、ただいまご紹介の古関です…」

とまではやっと聞こえたが、それから数秒……、古関氏は頭を下げたまま、顔をあげない。なにかただならぬ古関氏の態度に、将兵たちも呼吸《いき》をのんだまま、無音の静寂が続く。すると……、なんと古関氏は泣いておられるのだ。震える手で国民服のポケットからハンカチを出そうと、しきりにまさぐっていられる。やがて、ハンカチで眼を覆ったまま、言葉なく号泣する古関氏の声が、かすかに私の耳まで聞こえた。

古関氏のこの感激は、たちまち全将兵の間に共感となって拡がった。はじめは体裁をつくろう咳《せき》ばらいも聞こえたが、それもやむと忙しく手の甲で涙をふく者、うつ向いたまま、じっと涙の落ちるままにいる者……。ああ、何というシーンであるか。古関氏の感激をそのまま素直に受け入れて共感し、ともに涙する将兵たちの姿は、まことに美しく尊いものであった。

激しい感動に私も隊員たちもまたともに泣き、しばらくは演奏することすら忘れてい

たものである。——（後略）

九江に数日、滞在した後、小さな発動機船に乗り、鄱陽湖に入り湖岸の星子《せいし》という小さな町に行った。

この星子は、中国一の名山、廬山《ろざん》の中でも名峰といわれる五老峰の麓にあった。妙義《みょうぎ》山《さん》のような岩山の五老峰は屹立《きつりつ》してそびえ、朝、昼、夕の光の反射で五色に変化し、その美観は例えようがない。住民も少ないこの星子の町には駐留する兵士もわずかだったので我々一行の到着を非常に喜んでくれた。

夜、粗末ではあったが、歓迎の心あふれる宴を設けてくれた。翌日、トラックで廬山の裏側を徳安《とくあん》近くまで行き、戦死者の霊前に、煙草をささげ星子に戻った。

その夜半。非常呼集で飛び起きた。

「廬山にいる敵、四万が夜襲する、という報が入ったので、各自が応戦されたい」というのである。団長格の西条八十氏は一同と相談し、案内兼護衛の鈴木伍長《ごちょう》に、

「この拳銃で、いざという時は、我々一人一人を撃って、最後にあなたは、駐留の兵と共に戦ってください」

と、ひそかに持っていた拳銃をさし出した。

この名山、廬山の麓で死ぬのも天命かと諦めたが、瞼のうらをかすめる映像、妻や娘

の顔、父母の姿が浮かんでは消え、また次々に浮かび、やがては涙で霞《かす》んでくるのだった。

今か今かと敵襲を恐れ、一部屋に固まった我々は、一秒でも早く夜の明けるのを待った。

夜半に、突然大きな砲声や、銃声が起こった。「さては、敵襲！」と生きた心地がしなかったが、なぜか、当方からは全然発砲もせず応戦もしない。鈴木伍長は、

「こちらから発砲すれば、大体の人数が分かってしまい、少人数の警備ではすぐやられてしまいますからね」

と説明してくれた。これも戦法の一つだった。

やがて、夜も白々と明けた頃には敵も戻ってしまったらしい。朝の偵察によると、敵は町の方に入って来たが、我々の宿舎だった兵舎には来ないで、橋梁《きょうりょう》を二つ爆破したのみだった。何事もなかったように五老峰の岩肌が朝陽に輝いている姿は実に印象的だった。

九江に着く頃から腹痛のあった私は、アミーバ赤痢らしいことが判明。また西条氏は東京での仕事の期日が迫ってきたので、二人はひとまず帰京することになった。

星子からの船はまだ新しい鰹《かつお》漁船で、船長もろ共軍に徴発されたもの。船長は、まだ三十代の若さで、快く我々を乗せ、九江まで送ってくれたが鄱陽湖を出て揚子江に入る

と、

「浮流機雷が多くて危険ですから、すみませんが水面の見張りを手伝ってください」

と頼まれ、二人は真剣に江上を見張った。

いろいろな雑物が流れてくるので、どれが機雷か区別が分からず、九江の波止場に着くまで落ち着かなかった。船長は和歌山県の人で郷里には奥さんと小さい女の子が一人いるとか、内地に帰ってから、留守宅に何か送ったと記憶している。

九江から南京経由上海へ、更に飛行機で内地へ帰国したが、機上から見ると苦労して遡行した揚子江の泥流は、くねくねとうねり曲り、何か所か氾濫して田園地帯に大被害を与えていた。中国大陸の治水は全く大変であると同情した。

私のアミーバ赤痢は、帰京後もなかなか治らず下痢が続き全治するのに一か月余りかかった。


この年の一月三日に、杉本良吉《すぎもとりようきち》、岡田嘉子《おかだよしこ》の二名が樺太《からふと》国境を越えてソ連に亡命した。

二月には、石川達三が「生きている兵隊」を発表した中央公論三月号が発売禁止。おそらく抵抗文学であったのだろうが、このようにして現在の日本とは全く異なって、言論の自由などは封鎖されていた状態であった。

七月十五日、ソ満国境の張鼓峰《ちょうこほう》で、日ソ両軍が衝突。八月十日、停戦協定が成立した。
九月一日、関東地方に猛台風が襲来し、死者二百名以上を出す大被害を受けた。

歌謡曲の世界では、昭和十三年には九月発売の「愛染《あいぜん》かつら」の主題歌「旅の夜風」をはじめとして「支那の夜」、それに「麦と兵隊」も生まれ、それぞれ大衆に愛唱された。

その頃のコロムビアレコード邦楽総目録を見ると、歌曲は次のように明解に細分してある。

芸術歌曲（クラシック並びにオペラや歌曲）
国民歌謡（NHK制作のもの）
軍歌（軍師団歌・××連隊歌等、軍の曲）
愛国・時局歌（戦時歌謡「露営の歌」等）
歌謡曲・流行歌（いわゆる歌謡曲・映画主題歌等）

現在は、戦時歌謡など一切を「軍歌」あるいは「軍国歌謡」と呼んでいるが「露営の歌」は大衆の心から生まれた曲であり、軍の命による軍歌ではないのである。いわゆる国民一般が歌う歌は戦時歌謡なのである。

この年、父が亡くなった。危篤の知らせを受け急いで帰福したが、間に合わなかった。「露営の歌」が私の曲だと知って喜んでくれたのも束の間。それまでは私のヒット曲をあまり知らない様子だった。しかし、この歌が全国を風靡し、上京の折親戚から「演歌師の片棒かつぎが関の山だろう」と非難を受けたことは帳消しにしてもらえたのではないかと、せめてもの親孝行だと思い冥福を祈ったのである。

「暁に祈る」

私も多くの歌謡曲を作曲したが、その中の一つに昭和十四年に作った「満州鉄道唱歌」がある。これは、満鉄が一般から募集した歌詞を久保田宵二《くぼたしようじ》が選と補作をしたもので、その選並びに現地視察ということで、八月中旬から二人で満州のほとんど大部分を旅行した。ちょうどノモンハン事件の最中で各地とも灯火管制中だったが、西にチチハル、北はハルビン、東はジャムス、牡丹江《ぼたんこう》、図門《ともん》、南は大連、新義州《しんぎしゅう》と歩き、最後の大連に来た時、九月十五日停戦協定が成立して灯火管制は解かれた。暗闇の満州旅行だった。歌は、松平晃、松原操、霧島昇の三君が歌い、発表会もこの三君が満州に行って各地で開いた。

歌謡曲界では、十四年にビクターから発売された「太平洋行進曲」や、キングレコードからの「出征兵士を送る歌」などが歌われたが、戦時色濃い中にも軟らかい歌「純情二重奏」「白蘭《びやくらん》の歌」「煌《きら》めく星座」「十三夜」なども好まれてよく流行した。

昭和十五年は、紀元二千六百年に当たり、十一月十日、皇居前広場に於《おい》て記念式典が催された。

歌舞伎座では、奉祝大音楽会が開催されて東京市内のシンフォニー団体が合同演奏し、外国からはドイツのリヒアルト・シュトラウスをはじめイタリアのピゼッティら、現代作曲家の代表から贈られた奉祝曲を演奏した。また、前年から準備計画された奉祝歌「紀元二千六百年」が発売され、よく歌われた。暮には「誰か故郷を想わざる」や「新妻鏡」、「湖畔の宿」などが発売された。それらは、暗雲ただよう不安ないらだたしい庶民の心の発散であり、わずかの慰めともなったのである。

私の数多い作曲の中で、最も大衆に愛され、自分としても快心の作といえるのが「暁に祈る」である。

作詞　野村俊夫
歌　伊藤久男

一　ああ　あの顔　あの声で
手柄たのむと　妻や子が

ちぎれるほどに　振った旗
遠い雲間に　また浮かぶ

二　ああ　堂々の　輸送船
さらば祖国よ　栄えあれ
遙《はる》かに拝む　宮城の
空に誓った　この決意
（以下略）

昭和十五年の春、コロムビアから「陸軍馬政局が、愛馬思想普及のため、松竹映画で『暁に祈る』を制作することになった。その主題歌を作曲して欲しい」と連絡があった。作詞者は幼少の頃からの友人野村俊夫君、歌手も同じ福島県出身の伊藤久男君。つまり福島県生まれの三人が揃ってやるというかねての念願がかなえられることになった。

野村君から第一稿が届き、さっそく曲をつけ、伊藤君が歌って軍の関係者に聞かせると、どうも作詞が気に入らぬという。その後も幾度も、書き直しの繰り返しで、三人共ほとほといや気がさしてきた。多分七回目頃の「ああ　あの顔で……」に始まるこの詞がようやくＯＫとなった。

後で野村君は作り直すのがいやになり、「ああ」とため息が出たので、それを冒頭持ってきたと冗談まじりに話していた。

私はこの詞を見た時、中支戦線に従軍した経験がそのまま生きて、前線の兵士の心と一体になり作曲が楽だった。

兵隊の汗にまみれ、労苦を刻んだ日焼けした黒い顔、異郷にあって、故郷を想う心、遠くまで何も知らぬままに運ばれ歩き続ける馬のうるんだ眼、すべては私の眼前にほうふつし、一気呵成に書き上げた。

しかし、歌い始めの「ああ」に思い悩んでいた時、詩吟の好きな妻が詩吟をやり始めた。これだとばかりに「あーあ」を、すらすらとメロディーが流れ始めた。

さっそく軍部や映画関係者、ディレクター等が集まって、試聴が行われた。その結果ＯＫが出て直ちに吹き込みし、映画の封切と同時にレコードが発売された。

映画はあまりヒットしなかったが、レコードの方は大ヒットとなり、伊藤久男君の若さと情熱が大衆の胸をうち、たちまち全国に流行した。

これは愛馬思想も含まれているが、数多い戦時歌謡の中で、輸送船で出征するシーンを歌ったものとしてもまた珍しくこの曲だけであったから、翌十六年からの太平洋戦線に、各地に向かう兵士、家族はこの歌を合唱し、別れを惜しんだのである。

後に陸軍船舶部隊名が、暁部隊と称したので、間違って「暁に祈る」を暁部隊歌と思った人もあったと聞いた。また軍馬よりも「ああ、堂々の輸送船」が二番目に出ていて肝心の馬は三番で、「苦労を馬と分けあって」と出てくるので馬の影がうすかった。

野村俊夫君は昭和四十一年十月、六十一歳で亡くなった。彼の死を悼む友人知己が相計り、「暁に祈る」の詩碑を福島市の信夫山第一展望台に、昭和四十八年十月に建立した。

碑は三個の岩に銅板をはめ込んだもので、右側の石には、県知事、木村守江《きむらもりえ》氏の筆により「暁に祈る」の第一節が書かれ、左側の石には私自身の書いた曲譜が刻まれ、まん中の石にその由来を記した趣意が書いてある。

信夫山は、福島全市を見渡せる絶好の場所で、我が古関家の墓地もそこにあり、春秋の彼岸に桜や紅葉を賞《め》でて訪れる人々も多い美しい所である。

彼の詩魂も安らかであろう。

「海の進軍」と「英国東洋艦隊潰滅」

昭和十六年に入ると、益々世相は暗く国民の生活もまた苦しくなった。

四月から小学校は国民学校と改称された。生活必需物資統制令が公布され、更に東京と大阪などでは主食米の配給通帳制を実施した。

この年流行した歌は戦時色濃厚なものが多かったが、中には「めんこい仔馬《こうま》」（サトウハチロー作詞、仁木他喜雄《にきたきお》作曲）のようにさわやかな童謡風な歌も生まれ、暗い世の中に一点の明るさをもたらした。これは東宝映画「馬」の主題歌であった。

ぬれた仔馬のたてがみを
なでりゃ両手に朝の露
呼べばこたえてめんこいぞ　オーラ
かけてゆこかよ　丘の道
ハイド　ハイドウ　丘の道

四月頃、読売新聞社が詩を募集して私が作曲した歌に「海の進軍」がある。ちょうど海軍が世界にその偉容を誇示しつつあった頃である。

曲は短調だが、多分にグランド・マーチ風の四分の四拍子で、堂々たる艦船を表現したつもりである。私としては、終わりの四小節のメロディーが気に入っていた。

レコードは五月に発売され、裏面に同じく読売新聞が募集した国民総意の歌「そうだその意気」（古賀政男作曲）を付した。両面ともよく歌われ、太平洋戦争が始まってからは一層愛唱されて士気を高めた。

「海の進軍」

作詞　海老沼正男
歌　伊藤久男・藤山一郎・二葉あき子・合唱団

一
あの日揚がったZ旗を
父が仰いだ波の上
今日はその子がその孫が
強く雄々しい血を継いで
八重の潮路を越えるのだ

二
菊の御紋のかげ映す
固い護《まも》りの太平洋
海の男《お》の子《こ》の生甲斐は
沖の夕陽に撃滅の
敵のマストを夢に見る

（以下略）

七月に日本軍は、南部仏印（現在のベトナム）に進駐を開始して着々戦争の準備を始めた。そして暮の十二月八日朝六時、ラジオは臨時ニュースを放送した。

「大本営陸、海軍部発表。帝国陸海軍は今日八日未明、西太平洋において米英軍と戦闘状態に入れり」

全国民はこのニュースに一驚した。米国がどんなに資源豊かな強大国であるかは常識であったから、勝利を危ぶむ不安は黒雲のように人々を襲ったといっても過言ではない。誰が、どこで、そのような計を練り、どのような勝算を持って戦闘を開始したのか、一般市民は全く知る余地さえなかったのだ。

このようにしてついに太平洋戦争は始まった。

十二月八日早朝、我が海軍航空部隊は千島《ちしま》に集結後、北太平洋から一路、ハワイ、オアフ島のパール・ハーバーへと突入した。湾内の米国太平洋艦隊の主力は、たちまち撃沈炎上し、開戦初日は大戦果として報じられた。

開戦三日目の午後、私はコロムビアにいた。午後三時、廊下に急設されたラジオのスピーカーから、軍艦マーチのオープニングと共に大本営海軍部発表の臨時ニュースがあった。

「シンガポール軍港を出発、北上中の英国の誇る不沈戦艦プリンス・オブ・ウェルズとレパルスを、マレー半島東岸クワンタン沖で発見。我が海軍航空攻撃隊は、これに雷撃と爆撃の波状攻撃を行い、ついに二艦を撃沈せり」

我々は思わず拍手し昂奮《こうふん》、感激した。始まった以上、勝たねばならぬからである。

その直後、放送局の歌謡曲、軽音楽の担当者、丸山鉄雄《まるやまてつお》氏からの電話がかかった。

「今の臨時ニュースを聞きましたか。すぐ歌を作って今夜七時のニュースで放送しますが、誰か、そこに詩人がいますか？　高橋掬太郎さん？　ええ結構ですよ。歌手は藤山一郎君と東京放送合唱団。オーケストラは放送管弦楽団。曲ができ次第、スタジオに持って来てください」

丸山君は早口で要領よく話すとガチャンと電話を切った。

さあ、それからが大変であった。まずメロディーを作ってから高橋さんに渡し、すぐに私は編曲にかかった。当然艦の名が入るが、それは最後に入れることにした。レパルスは四つの音でよいが、プリンス・オブ・ウェルズを巧くはめ込むのは難しかった。だが、歌手の藤山一郎さんは発音の明瞭な人だから、少々難しくても十分歌えると思い、三音にまとめた。高橋さんは楽譜を見ながら詞を当てはめていく。

普通なら、オーケストラのスコアを書き、それを写譜させるという順序だが、何しろ放送局に持参する時間も必要だから、約三時間、作曲時間があるのみ。私は頭の中でスコアを構想し、いきなりパートの楽譜を書きおろしていった。最初はハーモニーの基になるピアノから書いた。前奏は短く二小節。歌詞は四番まであるから間奏は三回、新しく書くより軍艦マーチを二分して効果的に挿入した。

弦、木管、サックス系、ブラス等、次から次へと書いている間も、傍らの高橋さんから「この字脚は合うかな？　この言葉は歌えるかしら？」などしきりに質問が入る。それに一つ一つ答えながら、ようやく全パートを書き終えた頃高橋さんも四番の歌詞を完成。

一応歌ってみて訂正したり、歌手用の楽譜も書き上げ、内幸町《うちさいわいちょう》のコロムビアと放送局が近かったのが幸い、すぐにかけつけた。

待機していた藤山一郎君に楽譜を渡し、合唱団には一枚の楽譜から手分けして写してもらった。現在はコピーの機械もあり便利だが、当時は全部手書きであったから、それもオーケストラのもすべて自分で書いたから腕が痛くなってしまった。

一度練習したきりで数分後には、ぶっつけ本番のようにして放送した。このおもいがけない急なニュース歌謡の放送は大好評を得た。

済むと同時に丸山さんがスタジオに来て、「よかった、よかった、どうもありがとう」と握手した時は、この三時間余の苦しみも疲れも吹っ飛んだ気がした。

灯火管制で真暗な街を内幸町から新橋駅まで、今放送したメロディーを口ずさみながら帰宅した。
大戦果、大勝利と、有頂天の中にこの昭和十六年は暮れた。

「英国東洋艦隊潰滅」

作詞　高橋掬太郎
歌　藤山一郎

一　ほろびたり　ほろびたり
敵　東洋艦隊は
マレー半島　クヮンタン沖に
いまぞ沈みゆきぬ
勲《いさお》し赫《かく》たり　海の荒鷲よ
沈むレパルス沈むプリンス・オブ・ウェルズ

二　戦えり　戦えり
わが　つわものらは
皇国の　興廃を
いまぞ　身に負いぬ

おごれるイギリス東洋艦隊を
すさぶ波に　沈め去りぬ

（以下略）

だが、わが軍の犠牲となった多くの将兵のあったことは忘れてはならない。

南方慰問団旅行記

日本軍は昭和十七年一月二日、フィリピンのマニラを占領、同じく一月十四日にはビルマに進撃した。

マレー半島を南下中の我が軍の一部では自転車による銀輪部隊が生まれ、ジャングルの中を走りぬけシンガポールの対岸ジョホール・バルに到達した。この時、ニュース歌謡としてサトウハチロー作詞の「ジョホール・バルの歌」を作曲した。明るい軽快なメロディーで銀輪部隊らしい曲だった。

二月十五日、シンガポールが陥落した。

三月一日、わが軍はジャワ島に上陸、オランダ軍は降伏、三月八日にはビルマのラングーンが陥落、四月にはニューギニア、六月にはミッドウェイ海戦、アラスカのキスカ、アッツ島を占領等、南に北に戦線は拡大するばかりだった。八月に入り陣容を整えたアメリカ軍は、ついにガダルカナル島に上陸し、猛烈な反撃作戦を開始した。

一方国内では、食塩も通帳による配給となり、二月一日には衣料も切符制となった。その頃、日本放送協会（ＮＨＫ）が、南方占領地区に慰問団を派遣することになり、私もその一員に選ばれた。楽団の指導者として、また東南アジアの民謡研究、採集、と現地での作曲等、いろいろな役、名目をつけられた。

団長は、演芸部長小林徳二郎、付添い大島、松島両氏。総合司会と漫談は徳川夢声《とくがわむせい》、歌手は内田栄一、波岡惣一郎《なみおかそういちろう》、奥山彩子《おくやまさいこ》、豊島珠江、藤原千多歌《ふじわらちたか》、浪曲は梅中軒鶯童《ばいちゆうけんおうどう》と弟子一名、曲芸師一名、落語の林家正蔵《はやしやしようぞう》、舞踊団は石井みどり他六名、伴奏は東京放送管弦楽団の選抜十六名、それに私という大部隊。

オーケストラは現地に行った場合、二つに分割できるような編成にした。ピアノの万沢恒やヴァイオリンの前田璣《まえだたまき》、久岡孝一郎等当時のそうそうたるメンバーであった。

九月出発の予定が遅れ、十月に入ってから大阪港から軍用船楽洋丸《らくようまる》に乗船して出発した。楽洋丸は元南米航路に就航していた一万トンの客船だから大きいが老朽船だった。

船客は占領地に向かう司令官や将校、商事会社社員、女子事務員、兵士等。我々慰問団は大部隊のためか、あるいは割り込みが遅れたのか、甲板下の特別三等室に押し込められた。

まずこの処置に全員がカンカンに怒った。タイピスト連が二等船室にゆうゆうと納まり、NHKの部長や徳川夢声氏等がうす暗い三等室とは何事と、事務長に団長が談判してもさっぱりラチがあかない。一度決めたのを変えるのはまた悶着のもととなるからであろう。

船は関門海峡を通り、船団を組んで、最初に目指すのは台湾。大洋を十数隻の船団が並んで航行するのは、文字通り「ああ、堂々の輸送船」で、日中デッキで皆が合唱するのは「暁に祈る」であった。

さて、特三の食事だが、この夕食に出るのは毎日毎日鯨ばかり。ついに替え歌となって、日没の大海原をながめながら慰問団一同の大合唱となった。

「さくら、さくら」の替え歌。
くじら、くじら、今宵《こよい》の皿は
見わたすかぎり、
かす身か　くずか
においぞ　出《い》ずる
いやだ　いやだ

身も　食えん

「宵待草」の替え歌。

待てど　暮らせど　出ぬ肉の
夕めしどきの　やるせなさ
今宵も　くじらが　出るそうな

「コロッケ」の替え歌。

今日もくじら　明日もくじら
これじゃ年がら年中　くじら
ラララララ　ラララララ　こりゃいやだ

というふうに、せめて替え歌を怒鳴って憂さ晴らしをしていた。

それらは、どれも徳川夢声作の歌だった。

しかし、ついにある日、小林団長が一同を集めて言った。

「実は船長から船中で慰問をやってくれないかと頼まれた。その代わりといっては申し訳ないが、一等船客で数名乗船しなかった人がいるので、その分の食事、朝昼夜の三食を一等食堂で召し上がっていただきたい。人選は慰問団にお任せするというが、どうしましょうか」

一同、異議なしで賛成。さっそく慰問を始めると同時に、順番に一等食堂に行くことになった。一日おきくらいに、三食の中どれかに当たるので、まあまあ我慢するようになり替え歌も歌わなくなった。

食い物の恨みは深いというが、兵士たちもどんなに辛い思いをしたことだろうと察した。

静かな航海を続け、台湾のキールン港に近付いたが、船団からは、一隻のみが入港した。

我々の船は台湾の西海岸沿いに南下して高雄《たかお》に入港した。数日停泊中、団員一同街に出て台湾料理で会食したりして元気をとり戻した。白柚《ペイユ》というザボンが素晴らしく美味で驚いた。

いよいよ高雄を出航。これから敵潜水艦の出没する南支那海に入る。危険海域なので全員、毎日緊張の連続であった。

しかし南国の夜の海は、夜光虫が海面に帯状に光り、まるで海の中にネオンが輝いているように美しかった。

幾度も警戒警報は発令されたが、幸い敵潜水艦の攻撃はなく、十一月三日、当時の明治節に仏印の南端サン・ジャック岬に着いた。我々慰問団にだけ上陸許可が出て幾日かぶりで土を踏んだ。

初めて接する印度支那《インドシナ》の街。住民、風物など、皆珍しいものばかりだ。さっそく買物をする人もいた。小さな喫茶店で飲んだコーヒーが、素晴らしくうまかった。

サン・ジャックを出航、更に南下、数日後にシンガポールに着いた。

南方総司令の所在地だけあって、街は治安もよくにぎわっていた。

宿舎はステーション・ホテルと名はよいが駅の二、三階をホテル風に改造した粗末なつくり。だが居心地はよかった。

着いた翌日から各部隊、軍の病院等、各所で慰問演奏。市内で一番の高層のキャセイ・ビルの中に放送局が開設してあり、局長はスポーツの名アナウンサーであった河西《かさい》三省《みつみ》氏。この放送局から、シンガポールは勿論内地向けの放送もやった。

シンガポール到着の三日後、総軍の報道部から、私に呼び出しがあり、何事かと出向いたら、「大南方軍の歌」を募集し、歌詞は既にできている。至急それを作曲し、ここに滞在中に全軍に向け放送し、また主な各部隊で歌唱指導もしてもらいたい、という意向であった。歌詞を受け取り、直ちにホテルで作曲にかかり、翌日には放送局のスタジオで練習かたがた報道部の係りの将校にも聞かせた。勿論ＯＫとなり、軍の希望にそうことができた。その後の慰問のプログラムには、必ずこの「大南方軍の歌」を加えた。内田栄一さんが熱心に歌唱指導してくれた。

シンガポールの日程が終わり、次はいよいよジャワ行きと全員が喜んでいたところ、ビルマ方面の慰問を命ぜられた。〝ジャワは天国、ビルマは地獄〟と言われていたので一同ガッカリ。だが、総軍の命令とあれば仕方がない。やはり慰問の必要なのは地獄の方なのだが、それだけに航路も長く危険も多いのである。

再び船でビルマの首都、ラングーンに向かった。数日後ラングーンに到着。黄金色に輝くパゴダ（寺院）を船上から見てエキゾティックな風物に、はるばる来つるものかな！　との実感に胸を打たれた。

ラングーン市街は静かだが商店街はにぎやかで、ビルマ人の服装も珍しかったが、やや小柄な体格や風貌は、皆日本人にそっくりで、隣村に来た気がし、言葉が通じないのが不思議に思えた。

慰問の間をぬって市内見物をした。

ラングーンで一番大きいシュエダゴン・パゴダに登った。ビルマは仏教国であり、人民が僧を敬う様子は驚くばかりである。拝殿の入口ですべての履物、靴下も脱いで裸足になって長い石段を登りつめると、大仏殿はまたいくつもの立派な塔のような仏殿に囲まれている。石の参詣路は太陽に焼かれて燃えるように熱く、馴れない我々は足の裏も軟らかいのでヒリヒリする。中央部には麻のゴザが敷いてあるのでその上を歩いてもよいのだが、ビルマ人の噛《か》みすてた果物の皮や種、赤い唾などで汚くよごれていたので歩く気がしなかった。

滞在中に、ビルマ一の舞踊家、ウ・ポー・セインの家に団員一同が招待された。子供が大勢いたが、皆日本語が上手で「日本語学校で習った」と言ってなかなか達者だった。ビルマ音楽と舞踊を幾つか紹介してくれたが、私にはどれも貴重な資料なので採譜したり忙しかった。これだけでもビルマに来た甲斐があったと思った。

ラングーンでの慰問は終わり、いよいよ慰問を待ちこがれている奥地の部隊のために出発した。一等車であるがうす汚れていた。

汽車はのんびり走り、一駅毎に停車。そのたびに子供たちや物売りが車窓に寄り集まってくる。車中で一泊。翌日中部ビルマの中心地で旧王都のマンダレーに着いた。ここで慰問団は、雲南《うんなん》方面と印度方面と二手に別れ、私は雲南行きに決まった。徳川夢声さんは胃潰瘍のため、シンガポールで海軍病院に入院中でビルマには来なかった。

雲南班は、小林団長、内田栄一、奥山彩子、豊島珠江、梅中軒鶯童と三味線のお婆《ばあ》さん、石井みどり舞踊団から三名、それに私と、オーケストラ団員の半分。駅前からすぐトラックに乗って北シヤン州へ出発した。

ラングーンを見おろす山を登り、高原地帯に入り最初の町メイミヨウに着いた。ビルマの十一月、十二月は乾季の最中。日中、抜けるような好天気でさわやかだが、特にメイミヨウは英領時代避暑地として総督や高官の別荘地だったので町は美しく樹木も繁《しげ》っていた。日本軍が占領してから明妙《メイミヨウ》と漢字で書いた。しのぎよい避暑地と喜んでいたが、一泊してみて驚いた。日没と同時に気温が下がり、夜になると寒くてガタガタ震えてくる。軍はさっそく英国兵の厚い冬オーバーを出してきてくれた。

「どうぞさし上げますから内地までお持ち帰りください。内地は今は冬。きっと帰国の頃には必要ですから」

と、言われてみればなるほど、出発の時は皆合服、大部分は夏物ばかり持参し、シンガポールで作ったユニフォームも半袖、半パンツ。今、この明妙で突然冬のような気温に遭うとは予想もしなかった。やはり大陸性気候である。

翌日再びトラックで出発。陽が高くなるにつれたちまち気温も上昇。正午頃は四十度近い盛夏の暑さである。途中の小さな村や町をわずかの人数で警備している兵隊たちを慰問しながらトラック旅行は続いた。

シポーの町では土侯の王様の邸宅でご馳走されたり、山岳民族のカチン族の部落で小休止したり、ジャングルを抜け、日中の猛暑と夜間の寒気に悩まされながら、北シャン州の都会ラシオに着いた。ここに相当の大部隊が駐留していた。

ラシオに着くと同時に豊島珠江君が盲腸炎になって軍の病院に入院した。トラック旅行は揺れて盲腸炎を起こしやすいので、腹部をしっかり布で巻くのがよいのだが、若さと暑熱で実行は難しいのだ。こうして団員は一名減ったが、多分帰途までには治ると思い、慰めて別れた。


ラシオから少し東北に行った所に露天風呂があった。ビルマには珍しい温泉であった。トラックで通りかかった私たちは大喜びで小休止して入浴した。温度は快適。乾季のビルマの日中、山岳地帯、北シャン州の美しい樹々《きぎ》に囲まれた静かな野天風呂は、疲れをいやすに十分であった。湯壺《ゆつぼ》から上がり、ふと見ると傍らに筆太に「みどり温泉」と書いてあった。

この付近のシャン族は勿論ビルマ人や未開のカチン族、カレン族、みな温泉に入らないので、これまでは流れ出すままに放置してあったそうだ。

再びトラックで慰問旅行を続けた。マンダレーからラシオまでは鉄道も通じ、週一回くらいは汽車が走っているらしいが、ラシオから奥地は交通機関は何もない。しかし、雲南に通じるこの道路は車のタイヤの幅だけが二本簡易舗装してあり、石に刻んだ標識が何マイル毎かに路傍に建っていて、ラングーンからの距離がマイルで示してあった。

みどり温泉から二、三時間でセンウイという町に着いた。日本語学校の生徒たちの可愛らしいシヤン人の子供二、三十名が「愛国行進曲」を歌ってくれ、逆に我々を慰めてくれた。この日センウイは市が開かれていて、近郊の農民が野菜などを道一杯に広げにぎわっていた。センウイからクンロンに来ると日中の日差しも和《やわ》らかで、日本の柿と同じような柿が実っていた。

クンロンはサルウイン河の傍らで中国国境に近く、この付近では大激戦であったので道の傍らに白骨が累々とそのままにしてあり、その凄惨さを思わせ、いよいよ身の引き締まる感じがした。クットカイからワンチンへ。ワンチンは中国との国境の町でそばの小川が国境線。しかし、橋を渡ると、住民の家々は一変して中国風になった。

芒市《ぼうし》で慰問を終えた時、その部隊にシボレーの新車のオープンカーがあった。勿論これは英軍の占領品だが、「この車で次の龍陵《りゆうりよう》までお送りしましょう」と下士官が運転して、奥山彩子と石井舞踊団の三名と浪曲のおばさんの五名がシボレーに乗り、男性はトラックで出掛けた。

高原地帯の坂道を登り下りし、はるかに重畳たる山を見渡すところで道がカーブしていた。前のオープンカーは猛スピードで砂塵《さじん》を立てて曲がって行った。

我々のトラックもそのカーブを曲がったが、前を行くべきシボレーが影も形もない。よく見通しのきく所なのでいぶかりながら徐行すると、はるか下の方から「たすけてェ！」と女の悲鳴が聞こえた。トラックを飛び下り崖を下りて行くと、新しいオープンカーは車輪を上にして転倒し、傍らに女子たちが倒れていた。運転していた下士官は、車の下敷きになって即死だった。

おもわぬ事故に、龍陵部隊も総出で救出に当たり、負傷した女子は、野戦病院に運び込んだ。体重が軽いせいか、すぐ放げ出されて軽い怪我《けが》で済み、おばさんだけが肩の骨折だった。その夜、龍陵の兵舎の庭では下士官を荼毘《だび》に付し徹夜で霊を慰めた。

この事故があってから警乗兵も増え、慰問団の輸送は慎重になった。

支那建築のきれいな龍陵を後に、鎮安街《ちんあんがい》から、ついに最前線の拉孟《らもう》に着いた。

拉孟は敵、中国軍と対峙《たいじ》している最前線でこんな所へ慰問団が来たのは初めてであり、兵隊たちの喜んだこと！　それが私たちにも伝わり、事故で怪我をした女性軍も大熱演だった。拉孟の近くの松林の中に望遠鏡があってそれをのぞくと対岸の山がそそり立ち、その敵の陣地に、戦車やトラックが延々と続いて止まっていた。我が軍と敵との間は一キロくらいの距離で、そのはるか下を怒江《どこう》が流れている。源はヒマラヤで、下流はサルウイン河になっている。

ここで慰問団は部隊長から感謝状をいただいた。

最前線の拉孟から再び引き返し、ラシオまで戻り、盲腸炎からすっかり回復した豊島珠江君を連れ、帰途は汽車でマンダレーに来た。

途中ゴクテイク峡谷にかかる世界有数の高架鉄橋を通った。目のくらむような高さ、汽車は徐行で、ゆっくり渡った。下を流れる川はジャングルの繁みで見えない。

マンダレーから汽車でサジまで南下して、再びトラックで山を登った。ここは大高原の入口のカローという町。松林があり蜜柑《みかん》がたわわに実り、日本に帰ったような気がした。蜜柑は小粒で、一房ごとに種があったが美味だった。カローから高原を通り、南シヤン州第一の町タウンギーに着いた。

立派な宿舎があり、部隊では餅をついて我々を歓迎してくれた。タウンギーからロイレム、ライカまで行った。慰問を終えサジに戻った。印度方面に行った慰問団と合流。久々に互いに元気な顔を喜びあい、龍陵の事故を語り、印度方面行の人はイラワジ河の渡河の苦労等を語ってくれた。

ラングーンに戻り再び慰問し、これでビルマともお別れ。次の行先は、マレー半島のペナン島。

ラングーンからマレー半島へと乗った船はオンボロの貨物船。操舵《そうだ》するチェーンがデッキの上のふちを、ガラガラ音を立てて動いている旧式船。しかし乗客は少なく何となくのんびりと毎日デッキで日光浴。遠くにアンダマン諸島を眺めながら、無事ペナンに入港した。ペナンはマレー随一の避暑地で、街並も美しくホテルも豪華だった。そのホテルの最上級の部屋を私たちにあててくれた。数十日の慰問旅行の疲労も、この歓待でむくいられすっかり元気回復した。

ペナン飛行場に慰問に行くと、珍しく門松が立っている。ああ昭和十七年もあとわずかと気付いた。有名な蛇寺を見物したり、盛り場を見歩き珍しい果物を食べたりして休養の日を楽しんだ。

ペナンから対岸のマレー半島に渡り、汽車でクアラ・ルンプールへ。一等車でもビルマと同じくうす汚れた車輛《しやりよう》だった。食堂では印度人が料理を作り、それを一等車まで運んでくれた。

クアラ・ルンプール駅に着くと、ホームにすっかり元気になった徳川夢声氏がにこにこして迎えてくれた。久々にこれで全員が揃ったわけである。この日がちょうど十二月三十一日。

翌日昭和十八年元旦は、ホテルの庭に全員集合し、「君が代」と「年のはじめのめでたさを――」を斉唱、異国での新年を祝った。

シンガポールにも、ラングーンにも我が家からの便りが届いていたが、ここにも妻から、詳しく留守中のでき事や子供たちの元気な様子を面白く書いた手紙が待っていた。さっそく長い手紙を書いた。

クアラ・ルンプールはイスラム風な建築でアラブか中近東のような気がする街だった。また汽車で主要な町毎に下車して慰問、その汽車はその間駅の構内で待機。我々を待っていてくれる貸切列車である。

ついに振り出しのシンガポールに戻り、今度はジャワに行けると楽しみにしていたところ、「ジャワは楽天地で慰問団は不要」と不許可。ビルマで散々苦労したのにと怒ってみても、やはり戦時中。日本を出る時は小さなトランク一つだったが、日本は物資不足だがここにはまだ物資は豊富だったから、大きな将校用行李《こうり》二個に、子供のラバソールの靴や毛糸、衣類など、またビルマで買い求めたもの等ぎっしり詰めこんだ。生命も土産《みやげ》も無事に日本へ帰れるように祈るばかりだった。

帰途の船は最新造船の安芸丸《あきまる》。客船であるが、いつでも巡洋艦に改造できるようになっていて、大砲も積んであった。速度が出るので船団を組まず独航。その点は少々心細かった。

外洋に出て二、三日後に猛烈な台風に遭った。船橋を越すほどの大波がぶつかってくる。大きな船が、木の葉のように翻弄された。波の底に入ると目前が暗くなり、波の頂きに上ると空に舞い上がったかと思うほどである。船室にいて船酔いの人を見ていると、一層酔いそうなので、一日中ブリッジで波濤《はとう》をながめていたが、私は酔わなかった。

この船の船倉に、オランダの将校の一団が捕虜になって乗っていた。一日中陽の当たらぬ船倉にじっとしている彼等を見て可哀相《かわいそう》になり、誰言うとなく慰問してやろうということになり船倉の蓋を開け、楽譜はないが記憶している曲を演奏した。歌手が、外国民謡やオペラのアリア等を歌ったら、捕虜将校の中に歌の巧い人がいて彼も歌い出し、両方から大拍手が起こった。全く芸術には国境がない。少しでも打ちひしがれた彼等をもなぐさめ得たことは音楽の徳であると思った。

シンガポールを出て一週間後関門海峡に入り、瀬戸内海の広島沖、似島《にのしま》の検疫所桟橋に着いた。外地からの帰還兵士は全部ここで消毒を受けた。フォルマリン入りの風呂に入り、出てくると衣類は全部消毒されているという仕組である。似島から広島港に上陸したのが二月上旬。寒さの厳しい最中、広島から東京へ。

東京駅に出迎えの家族の前に現れた私たちの姿は、下に半袖、開襟の夏服、その上に合服の上下、そしてオーバーは英国軍のものという珍妙な格好であった。

「若鷲の歌」

作詞　西条八十
歌　霧島　昇・波平暁男

一　若い血潮の予科練の
七つボタンは桜に錨《いかり》
今日も飛ぶ飛ぶ霞ヶ浦にゃ
でかい希望の雲が湧く

二　燃える元気な予科練の
腕はくろがね心は火玉
さっと巣立てば荒海越えて
行くぞ敵陣なぐり込み

（以下略）

昭和十八年の五月初め「海軍航空隊の予科練習生を主題とした映画を東宝で制作する

ことになったので、その主題歌を作曲してくれないか」という連絡をコロムビアから受けた。某日作詞担当の西条八十氏とディレクター数人、そして私は土浦航空隊に一日入団し、起床から就寝まで一日つぶさに見学することになった。

その前夜は土浦航空隊の真向かいのうす汚い旅館に泊まり、早朝未《いま》だ起床時間前に入団して起床ラッパから行動を共にした。体育から学科の勉強、各種航空技術の習得など様々。その間、ちょうど航空隊の内部でロケーション中の撮影隊の仕事を見学し、渡辺邦男監督等の話を聞いた。そして、夜再びハンモックを吊《つ》るして就寝するまでを見学。

若い少年たちの真剣で敏しょうな動作、勉強中の教官に対する熱心なまなざし、また航空計器等に対する慎重な取り扱いと探究心あふれる態度には、何か打たれるものがあった。

さて、西条氏の詩ができ上がってきたのを見ると、

若い血潮の予科練の
七ツボタンは　桜に錨
今日も飛ぶ飛ぶ　霞ヶ浦にゃ
でかい希望の雲が湧く
ハア　ヨカレン　ヨカレン

と書いてあった。この最後の「ハア　ヨカレン　ヨカレン」は前の部分とチグハグな

感じがし、作曲もこの行を生かすとなると、軽い感じの曲になりそうなので、西条氏に話してこの部分をカットした。

後、西条氏は作詞について、日本経済新聞の「私の履歴書」の中で次のように書いている。

「ぼくにとっては、あの予科練の歌を書きに、霞ヶ浦航空隊へ行った時の印象が一番深い。『いくつ作っても士気を鼓舞するよい歌ができないのです。ひとついいのをぜひ書いてくださらんか』と事務所で言った隊長の真うしろの壁に予科練生募集のビラがはってていた。若い美少年が七つボタンの軍服を着、桜の花に彩られているのだ。『若い血潮の予科練の……』の最初の詞句は、その時即座にぼくの胸に浮かんだのだった」

さて、作曲に取りかかってみると、どうもピッタリとした曲が生まれない。一日入団の体験を生かすメロディーが出てこない。航空隊からは矢のような催促。映画の方からも早く作ってくれと言われ、ついに長調の曲ができた。担当のディレクターに聞かせると、これで十分とのことで航空隊へ行って聞かせることになった。歌手の波平暁男やアコーディオンの伴奏者、西条氏、ディレクターと共に出掛けた。

常磐線《じょうばんせん》の車中、曲に対する不備が頭から離れない。利根川を渡り茨城県に入った頃、ふとある短音階のメロディーが浮かんだ。「これだ、長い間求めていたのはこれだ」と言いきかせて、持参した五線紙に十六小節のメロディーを書き、歌詞を入れて波平君に渡した。

「今できたばかりの曲だが、これも歌って」

同じ楽譜を伴奏者にも渡した。二人は小さな音と小声で歌った。同乗のディレクターがこれを聞いて「これはいい。この曲の方が受けるかもしれない」と言ってくれた。

さて、航空隊に着いて、事務室で主だった武官文官の教官たちに、長調と短調の二曲を聞かせると、ほとんどの教官は長調の方がいいと言った。しかし、「折角二曲作って来てくれたのだから、生徒に聞かせて決めさせたらどうだろう。彼らの歌であり彼らが歌うのだから」と昼食後の休憩時間に、校庭に全生徒を集合させた。

隊長が挨拶されて「今二曲を歌っていただくから、いいと思う曲に手を挙げろ」と言われ、波平君は初めに長調、次に短調を歌った。たぶん二回ずつ歌ったと思う。そして、隊長が「前の歌がいいと思う者」と言うと十人ほどの生徒が手を挙げた。「後の曲がいいと思う者」と言うと、生徒のほとんど全員がにぎりこぶしを高くさし上げた。これで決定した。「よし、後の曲に決める」と隊長の言葉で散会。

わずか十数分でできた曲が彼等の抱《いだ》いている気持ちに合ったのだ。しかし十数分とは言っても、西条氏の詞を初めて見た時からの時間を加算しなければ、この曲にかけた正確な時間は計算されない。絶えず頭の中に滞っていたものが、来る汽車の中で突然堰《せき》を切って流れ出る水のごとくにほとばしり、五線紙の上におどり出たのである。

その夜、航空隊の招宴に西条氏等と共に出席し、最後に全員でこの歌を合唱した。その宴の中で隊長が話されたことを、再び西条氏の「私の履歴書」から引用してみる。

「この航空隊の初期の生徒たちが卒業式の時、隊長から聞かされた歌は『愛染かつら』の一節だったというのだ。

花も嵐も踏みこえて　行くが男の生きる道

隊長はこの詞句を歌って『若い諸君にはまだ花のような見果てぬ夢があるだろう。また、行手には恐怖をそそる嵐もあるだろう。だが、それを勇敢に踏みこえて進むのが日本男児の道だ』と訓示した。そしてこれらの生徒が、いずれも大東亜戦の緒戦で大功を樹《た》てたというのだ。その中でも、『爆弾小僧』と綽名された暴れん坊は、炎々燃える飛行機で突入して、あの有名な英軍の不沈艦『サラトガ』を真二つに割って沈めたと言うのだった。

ぼくは流行歌、軍歌の如き歌謡は、もとから芸術品でなくとも、これらには百万人の人間を動かす力があるのだ。そういう点で男子一生を賭ける仕事として価値があると信じるのだ。この航空隊の隊長の話は、当時ぼくのその自信を固めたものだった」

数日後、編曲も済み録音した。歌手は霧島昇、波平暁男の両君。裏面には、この映画の題名と同じ「決戦の大空へ」を入れた。同じく西条氏の作詞で藤山一郎君の歌。この曲は「若鷲の歌」よりも先にできて録音も済んでいた。

映画は九月十六日全国一斉に封切られ、レコードも同時発売。主演は高田稔《たかだみのる》、原節子、黒川弥太郎《くろかわやたろう》である。その頃は山本五十六《やまもといそろく》司令長官の戦死、アッツ島の山崎部隊玉砕等、戦局の悪化が国民の胸中に重くのしかかっていた。この封切の初日、日劇に行った私は、早朝興行で市内の小学生の団体のための映写があって、しばらく外で待たされた。

映画が終わって外に出て来た大勢の小学生が〝若い血潮の予科練の――〟と歌っているのに驚いた。映画の中で何回か歌われている主題歌だが、見終わった子供たちが覚えて出て来るとは思わなかった。この単純で明快、短調でありながら暗さのない曲は、少年たちの胸に飛び込んで行ったのである。

昭和四十五年、週刊読売五月二十九日号で「特別企画ああ予科練」をやり、その中の座談会の一部でこの歌に触れている。

K氏　休暇で帰ってきた時に「予科練の歌」ですか、〝七ツボタン……〟は。あれがはやっちゃって。あれは十八年に古関裕而さんがゲートルを巻いて歌を二つ持ってきたわけですよ。第一練兵場に練習生を全部集めまして、二つの曲を聞かせて賛成の多い方にしようということで、どっちがいいか言わせたんですよ。それであの「若鷲の歌」が生まれたわけです。

A氏　我々が南方にいる時にレコードが来て、もう一つの「決戦の大空へ」の方がいいと、先輩はみんな言うんですよ。

M氏　すると、その当時の予科練は音感教育もなかなか徹底していたということだな。（笑い）休暇で帰ってきた時には〝七ツボタンは……〟の歌の真盛りで、どこへ行っても呼び込まれたり、女学生に後をつけられたり、（笑い）ずい分もてましたね。映画館へ行っても「今予科練習生の方が見えてます」なんて……。ワァーッと見られちゃって「立ってください」なんて言われたこともありますよ。（笑い）

なお、この座談会で入団の動機に関して次のようなことを話している。

S氏　皆それぞれいろいろな動機があるんですが、本当に国を思って入ったというのが相当多いんです。俺たちが行かないと、日本は負けて滅びちゃうじゃないか。おやじやおふくろや弟や妹たちのために、とにかく俺たちが行かなければしようがないじゃないかという動機が、少なくとも十三期には非常に強いと思いますよ。（後略）

後年「若鷲の歌」に憧れて予科練に入った者が大部分だと言っている人がいるが、そんな浮わついた気持ちで入ったのではなく、本当に愛国心に燃えて予科練に入ったのが事実であることは、この座談会でもうかがわれる。

現在、土浦航空隊の跡は自衛隊の武器学校になっているが、一隅の小公園に予科練生の銅像が建てられ、記念館には予科練に関する資料が多く陳列されてある。

「海を征《ゆ》く歌」

「若鷲の歌」と同じ月に発売された「海を征く歌」は、大木惇夫《おおきあつお》さんの作詞である。大木さんはジャワ作戦に文化人部隊の一員として参加した。

その時の体験を帰国後一冊の詩集として発表した。詩集「海原にありて歌へる」がそれである。その中の「戦友別盃《べっぱい》の歌（南支那海の船上にて）」に私は感動した。

前年、同じ南支那海で、夜光虫が群がり光り、近付き離れ去り、光り淡く輝き、妖しいまでの夜の海の美しさを私は船上から見た。故国を離れ、南に赴いた時のことが、この詩を読んだ時思い出され心にしみた。ここに全文を紹介する。

「戦友別盃の歌」（南支那海の船上にて）

言ふなかれ、君よ、わかれを
世の常を、また生き死にを、

海ばらのはるけき果てに
今や、はた、何をか言はん。
熱き血を捧ぐる者の
大いなる胸を叩《たた》けよ
満月を盃《さかずき》にくだきて
暫《しば》し、ただ酔ひて勢《きお》へよ、
わが征くはバタビヤの街、
君はよくバンドンを突け、
この夕べ相離《あいさか》るとも
かがやかし南十字を
いつの夜か、また共に見ん、
言ふなかれ、君よ、わかれを、
見よ、空と水うつところ
黙々と雲は行き雲はゆけるを。

私は、この詩の内容をぜひ歌謡曲として書きたいと思い、大木さんに頼んで大衆が唱和できる詩に書き変えていただいた。それが「海を征く歌」である。伊藤久男君の熱唱は、詩と曲をよく生かしてくれた。それほど売れたレコードではなかったが、時折街中で聞くことがあった。

しかし、戦後しばらくしてから、海軍の人々、特に江田島《えたじま》の兵学校出身者に愛唱され、仲間が集まると合唱していたことを聞いた。

私の作ったいくつかの戦時歌謡の中で好きな曲の一つである。

作詞　大木惇夫
歌　　伊藤久男

一　君よ　わかれを言うまいぞ
口にはすまい　生き死にを
遠い海征く　ますらおが
なんで涙を　見せようぞ

二　熱い血潮を　大君に
捧げて遂ぐる　この胸を
がんと叩いて　盃に
くだいて飲もう　あの月を

（以下略）

「ラバウル海軍航空隊」

作詞　佐伯孝夫
歌　灰田勝彦

一　銀翼連ねて　南の前線
ゆるがぬ護りの　海鷲たちが
肉弾砕く　敵の主力
栄えある　われらラバウル航空隊
（中略）

三　海軍精神　燃えたつ闘魂
いざ見よ　南の輝く太陽
雲に波に　敵を破り
轟《とどろ》く　その名　ラバウル航空隊
（以下略）

この曲は、昭和五十五年の現在でも、かなり愛唱されていて、懐かしのメロディー、すなわち「懐メロ」番組のテレビにも、よく放映されるし、私も、好きな歌である。

昭和十八年十月、NHKの吉田信音楽部長からの依頼によるもので、

「ニュー・ブリテン島のラバウルにある海軍航空隊は、最前線基地として華々しく大活躍して、成果を挙げている。この部隊をたたえ、また国民の沈滞する志気を鼓舞するような明るい作曲をしてもらいたい。作詞は、佐伯孝夫さんに依頼し既にでき上がっている。歌手は灰田勝彦君を予定している。古関さんとは、専属のレコード会社が異なるので、レコードでは、このコンビは組めないが、放送だからできるので、素敵な異色のある歌になると思う」

ということで、灰田君の音色の明るさなど、私も歌わせてみたい歌手と思っていたし、また、佐伯さんの作詞も、コロムビア入社当時二、三作曲したことがあるが、昭和十八年には、佐伯さんはビクター・レコードの専属になったので、以来十何年組まなかった。

私は、作詞の一、二番もよいが、三番の詞が、独特の詩心があって実によいと思い、乗り気になった。灰田君の声に合わせて、明快な曲を、と、今まで陸、海軍の曲は短調が多かったが、これは思いきって長調にした。

これが、すこぶる歯切れのよい、リズムにのった勇壮な歌になったので、放送局では繰り返し放送し、たちまち全国で歌われ出した。

マーチふうな前奏や、灰田君の熱のある軽快な歌い方。それを聞いたビクター・レコードでは、作詞と歌手がビクター専属の人なのだから、作曲だけ、特に古関のを貸して、と、私の専属しているコロムビアと交渉した。コロムビアは、それでは代償として、信《のぶ》時潔《ときよし》氏の曲を使わせてもらいたい、という条件でOKした。

ところが、信時先生の作曲はよいのだろうが営業成績が上がらず、一方「ラバウル海軍航空隊」は、ヒットしたので、コロムビアは、大変口惜《くや》しがった。そんな逸話もあった歌である。他の歌手でも、作曲者として、あの人に歌わせてみたい、と思うこともあり、専属制ということも、良いこともあれば、不自由なこともある。吉田信氏のこのアイディアは、放送ならではの頭脳的な試みで、ありがたかった。

インパール作戦従軍記

昭和十七年には東はソロモン群島、西はビルマと東西八千キロの広い地域を占領した日本軍も、昭和十八年には二月一日にガダルカナル島を撤退。四月十八日に、山本五十六連合艦隊司令長官戦死。五月二十九日、アラスカ、アッツ島守備隊全滅と、悲報相次ぎ、アメリカは、徐々に反撃を加えてきた。

十一月二十五日、マキン、タラワ両島も全滅。十月二十一日には第一回学徒出陣が秋雨の降る代々木《よよぎ》練兵場で行われた。

昭和十九年一月七日、大本営は、印度進攻作戦としてインパール作戦を発表した。が二月一日、米軍はマーシャル群島に上陸。同じ二月六日には、クエゼリン、ルオット両島の日本軍は全滅と報道され、戦局は、益々危機を増していった。

華々しく発表され始まったインパール作戦に、大本営は、特別報道班員派遣を企画した、文壇から火野葦平《ひのあしへい》、画壇から宮本三郎、楽壇から私が選ばれた。が、宮本氏は病気のため出発不能となり、向井潤吉《むかいじゅんきち》氏が派遣されることになった。

これには私は行きたくなかった。福島市の母が病床にあり、長男の私は、二つの生活の責任者であり、子供も十二歳と十歳であるし、辞退を申し出た。が、当時の軍部の権力を知る人には理解できると思うが、そんな理由は、私自身が病気でない限り、通るはずがなかった。そして次のような言葉をいただいた。

「貴下に万一のことがあった場合は靖国神社にお祭りいたします。ご母堂様もそれほどご重態でもなさそうですし」

と、何も彼《か》も調べつくしたうえの、命令のようなものであった。不本意ながら承諾した。

妻は、「引き受けた以上、仕方がありません。きっと元気に帰られますよ」と慰め励ましてくれた。

大本営では、四月二十九日の天長節が陥落予定日だから急いで行ってくれ、というので、四月中旬、朝日新聞東亜部の敏腕記者、石山慶二郎氏が同行者として加わり、四名で羽田から出発した。

飛行機は、ビルマに空輸する新鋭重爆撃機。弾丸の代わりに種々《くさぐさ》な物資や、㊙のものを積んだらしい。客席など全然ないので、狭い通路に適当に四人が座った。

私は操縦席のすぐ後ろに陣取り、操縦の妙技を満喫（？）した。滑走の時、プロペラを全回転させて走り出す豪快さ。着陸の慎重な操縦。また眼下の展望がよく退屈しない。また機が、オート・パイロットに切り替えられると、操縦士とのんびり世間話。ガソリン・タンクの傍らで煙草を吸うのには驚いた。風防ガラスを一センチくらい開けて煙草をそっとさし出すと、灰はパッと天空に飛び散り、吸がらはそのすき間から上へ投げると飛び散る。大胆なやり方である。博多に一泊、上海で一泊。次に台湾の屏東《へいとう》飛行場に着いた。

飛行場で宿舎に行く車を待っていると担任の将校が「キャラメルなど如何《いかが》ですか」というので、「いいですね、一ついただきましょうか」と答えると、兵士に四個持ってくるようにと言った。やがて兵士が掛声と共に四個の石油缶《せきゆかん》ほどの箱を持ってきたのには驚いた。一個は一個でも百箱入りの一個。甘党は私だけなので、さすがの私も恐れをなし、市販の二十粒入り二箱だけいただいて残りは全部返した。

私たちは中佐の資格とかで、宿の待遇もよく室内には、卓上に西瓜《すいか》とバナナの山。「東京は桜の四月なのに、さすが台湾ですね」と四人で皆食べてしまった。

翌朝、日の出前に出発。海南島を見おろしながらサイゴンに直行して一泊。翌日「来たついでにアンコール・ワットの上空を飛びましょう」と、超低空で上空を三周してくれたので奇怪な古城の全貌を俯瞰《ふかん》することができた。

その夜はバンコック泊まり。朝日新聞の支局の招宴で広東《カントン》料理をご馳走になり、小豚の丸焼きなるものを初めて食べた。

バンコックを飛び立ち、ビルマとタイの国境の密林を越えると、遥かの森の中に、燦《さん》然《ぜん》と輝く、ラングーンのシュエダゴン・パゴダが見えてきた。昭和十七年に慰問に来て、再び来ることもあるまいと思ったラングーンであるが、こうして、再びその地を踏むことになった。

ミンガラドン飛行場から派遣軍司令部に直行。挨拶すると、担当の参謀は「インパール陥落は、まだまだです。しばらくラングーンで休養していてください」と、内地とは話が違うのである。そして、インパール方面の地形を、模型と地図で戦況の説明をしてくれた。

宿舎は、やや市内から離れた所にあり、戦前は英国通信社の支社だった所。現在は朝日新聞の支局がある。広大な敷地の中央に、メイン・オフィスの建物があり、他に四部屋くらいの建物が四戸ほどある。私はその中の一室をあてがわれた。その家も四部屋あったが、一階は無線通信士がいるだけ。私の部屋は二階。ビルマの四月は一年中で一番暑い季節である。前に慰問に来た時は乾季でさわやかな柿やみかんのなる頃だったが、今度は、雨季前で、ちょっと外に出ても目が回りそうに暑い。着くなり、シャワーを浴びると適温の湯が出たので良い設備と感心していたら、なんとタンクの水が暑さのため温水になっているとのこと。それほど暑い時だった。

どこにも、ブーゲンビリアの花が咲き、庭にはリスが遊び、部屋の中を雀《すずめ》が飛び回り、ちょっとした楽園である。一日、三回はオフィスに集まり、記者や通信員の人々と雑談しながら食事したりお茶を飲んだりした。

夕食後は酒の入った火野葦平さんが、へんな豊後浄瑠璃《ぶんごじようるり》をうなって皆を笑わせたり、また将棋をさしたりで和やかなひとときであった。

土曜日の夜は、庭にゴザを敷いて野外宴。決まってすき焼きをした。毎日、司令部に顔を出して戦況の説明を聞くが、いっこうに予定どおりの進捗をみぬようだった。

そのうち、火野さんと、向井画伯は一足先に現地の様子を見に行くことになった。

私は、陥落後、参謀部と一緒に行くことになり、ラングーンに留《とど》まった。

火野さんが出発前に司令部から頼まれた「ビルマ派遣軍の歌」の原稿を渡された私はすぐ作曲することを約束した。火野さんらしい格調の高い詩である。

詔勅の下　勇躍し
神兵ビルマの地を衝《つ》けば
首都ラングーンは　忽《たちま》ちに
我手に陥《お》ちて　敵軍は
算をみだして　潰《つい》えたり
宿敵老獪《ろうかい》　英国の
策謀ここに　終焉《しゅうえん》す
光　燦《きらめい》たり　ビルマ派遣軍

このような調子で三番まである。

火野、向井両氏が出発して間もなく、突然といっていいほど雨が激しく降ってきた。二、三日でやむかと思ったがやまない。いよいよ雨季に入った。すごい雨である。風のない台風時に降るような雨が来る日も来る日も降り続ける。夕方やみ、西空が夕焼けで、ほっと喜ぶのも束の間、夜に入ると、また降り出す。街には雨水が氾濫し、道路は川のようである。物にはすべてかびが生え、部屋の床にも柱にもかびがべったり。洗濯屋に出した衣類が戻ってきたのをみると、黒いかびが生えて、前より黒く汚れている。

サソリが出て来た。蛇も出てきた。夕食時、部屋から傘をさして事務所まで行く間も、懐中電燈で道を照らしながら歩くが、時折、草むらの中でピカッと光る。蛇の目である。毒蛇ではないそうだが気味が悪い。

食堂で、食事中にボーイたちがほうきを持って走り回り大騒ぎをやっている。

「何ですか」

「サソリですよ。ホラ、そこにも、ここにも」

指さす壁際を見ると、いるいる。数匹のサソリ。おちおち食事もできない。ボーイたちが、たたきつぶしてくれた。

ある日、軍医が来て全員に注射をした。ペストが、ラングーン市内に発生したという。そう聞けば、街のあちこちに、トタンを張りめぐらした家があったことを思い出した。それらがペスト患者の家だそうだ。コレラの注射もやらされた。

前線に向かった火野さん等は、この雨や疫病の中をどうされていることかと案じられた。

「ビルマ派遣軍の歌」の作曲ができたので参謀部に持って行くと、さっそく軍楽隊長も来て発表の方法などを打ち合わせた。

軍楽隊は三十名ほどで、毎日軍の慰問だけでなく、ビルマ住民のために市内や近郊の地で演奏会を開いていた。私は時折訪ねて親しくなっていたので、「派遣軍の歌」の編曲についても詳しく打ち合わせた。

私がラングーンに着いた頃から各部隊で「部隊歌を作ってくれ」と、作詩を持って来るので、暇にまかせて次々に作曲してあげた。それらの原稿はかなり長く保存していたが、いつの間にか散逸し、「派遣軍の歌」のみが残っている。

戦後、見知らぬ人々から手紙で、「あの時の部隊歌を――」などと希望されるが、残念ながら、手元にない。

戦時中のごたごたや引っ越しの時などにまぎれたのか、その他多くの楽譜をなくしてしまった。それまでに作曲したシンフォニーやコンチェルトの類も、いつの間にかなくしてしまったことは、忙しい中をさいて書き上げたものだけに本当に惜しまれてならない。

ラングーン滞在中、先年、慰問の時、招待してくれたウ・ポー・セインの家にもよく訪ねて行った。あれから間もなくウ・ポー・セインは亡くなり、今は息子のカネッ・セインが跡目を継ぎ、ビルマ舞踊団をやっていた。

ビルマの歌や踊りの曲をゆっくり十分に採譜できた。(東宝で「ビルマの竪琴《たてごと》」を上演した時、これらの収穫が大いに効果を上げた)

市内には日本語学校があり、ここにも私はよく出かけて行ったが、子供たちがよく覚えて日本語の歌も歌っていた。

その頃、寒気がして何となく熱っぽいので、計ると体温が三十八度もあるが風邪のような病状は全然ない。あまり苦しいので軍医に診《み》てもらうと、熱帯特有の病気、デング熱とわかった。マラリヤほどひどくはないが、七日か十日ほどかかるという。熱もひどくなり、毎日ベッドで寝ていた。このまま死ぬかも、などと思う日もあった。

発熱は約十日間続いた。暑い中の熱病なので苦しかったが、ボーイたちはおかゆを作ったり、よく看病してくれた。この頃妻は、私が青い顔でベッドで苦しんでいる夢を見て、「お父様、今病気よ」と娘たちに話したとか。帰国してから聞かされたが、やはり想いというものは通じるような気がする。十日くらいで全快した。デング熱で死ぬことはないらしい。

さて、時折、前線から戻る従軍記者の話によると、みな悲観的なことばかりだった。英空挺部隊がジャングルの中に着陸したとか、前線の雨はラングーン以上に猛烈で、河川の氾濫、道路の決壊等、想像以上にひどいらしい。食糧輸送はどうなっているだろうかなど火野さんたちの安否も気づかわれだした。

最前線の情況は後に火野葦平作の「青春と泥濘《でいねい》」に実によく書かれている。若い人もぜひ読んでいただきたい。戦記というより芸術的作品である。

六月一杯降り続けた雨も七月に入りやや小降りになり、久々に太陽の照る日が増えてきた。ある日同行の石山記者等と、スバス・チャンドラ・ボースの自由印度軍兵舎を訪れた。彼等の軍楽隊が軍歌などを演奏してくれたが、軍楽隊といっても、ドラムと、ハンド・オルガンである。ハンド・オルガンとは、アコーディオンぐらいの大きさの楽器を首からぶら下げ、右手でハンドルを回し、左手で鍵盤を弾く、実に幼稚なもので印度らしい楽器で、音色はバグパイプに似ている。五、六回演奏してくれたが、その中で「印度国家」（ヒンドスタン・ハマラ）と、デリー進撃の歌が面白かったので、さっそく石山氏に翻訳と作詞をお願いした。採譜した楽譜に歌詞を合わせて付け、ピアノ伴奏を書いて日本の派遣軍軍楽隊に渡したら大変喜ばれた。

七月の上旬、向井潤吉さんが一人で先に戻られた。火野さんは印度国境から北ビルマのバーモの方に行かれたとか。

向井さんはオフィスで悲惨な行軍の様子や、食糧不足で栄養失調の兵士が雨季の中で戦わねばならぬその苦労を、多くのスケッチを前にして語った。

七月四日、東京の大本営はインパール作戦の失敗を認め、作戦中止命令を出した。作戦は中止しても、多数の傷病兵をかかえた部隊が豪雨で崩れた密林や、山岳地帯の道をどのように撤退するか、まことに胸が痛む思いだった。

火野葦平さんも戻って来た。その夜はオフィスで夜の更けるのも忘れて体験談を一同で聞いた。泥濘と雨と悪疫。生命を保つさえ難しい兵隊に、進撃命令、進攻作戦の地図上の参謀。すべては無謀、無駄な作戦であった。火野さんの熱のこもった話に、我々は言葉もなく聞き入った。

後に、「麦と兵隊」「花と兵隊」等の作品により火野さんは「戦犯」としてある期間筆を持つことを停止されたが、彼は戦争製造人ではなく、兵隊（すなわち当時の大衆）の最も深い理解者であり同情者であった。その作品を完全に理解しようとする能力が、「戦犯決定者」つまり裁く側にあったとしても、誰かを、何人かを犠牲の祭壇にあげねばならない敗戦国の悲運だったことによるのだろう。

雨季が明けると、連日ラングーンは、空襲を受けた。そのたびに我々は防空壕に退避したが、幸いに直撃弾は当たらなかった。

八月に入り私たち四名は帰国することになり参謀部に挨拶に行った。ところが参謀に「仏印派遣軍司令部から公文書で、古関さんにぜひサイゴンまで来てもらいたいと言って来ましたから、仏印で降りて現地司令部に出頭してください」と言われた。私のみまた一仕事増えたのだ。

ラングーンを発ったのは確か八月六日だった。途中シンガポールに一泊。富士ホテルに行くとそこのマスターが慰問旅行の時、ステーション・ホテルのマスターだった人で再会に驚いた。

「古関さん、電報が来ています」

何気なく受け取ると、ラングーンの朝日発で東京の朝日新聞本社から連絡。母が八月五日に福島で亡くなったとの知らせであった。

私は一瞬目がくらみそうになった。父が昭和十三年六月五日に亡くなってから五年間、母は福島で女中と二人きりで暮らしていた。最近の一年間は中風で寝たきりの生活だった。

従軍前にも多忙で一度会いに行きたいと思いながら果たせず、今度帰国したらさっそく行こうと思っていた矢先のことであった。

父と同じ五日に亡くなったとはやはり縁だろうか。妻は子供を残して一人で福島に行ったのだろうかなど次々に案じられ、また母の思い出が頭に浮かび、その夜は一睡もできなかった。石山氏も「サイゴン司令部も事情を話せばきっと分かって内地への直行を了承してくれるでしょう」と慰めてくださった。

サイゴンに着くと、飛行機の傍らまで数名が私を迎えに来た。その中に、なんとコロムビアの技師の檜山《ひやま》さんと詩人の奥野椰子夫《おくのやしお》さんがいた。その他には、大使府文化部の方と司令部将校二名。そこで直行、帰国したいと申し出たが「司令部はそれも知っているが、軍の計画としての行事があり変更できないので、ぜひ降りていただきたい」と強硬。やむを得ず私のみ降りることにして、万事留守宅のことを石山氏に依頼した。檜山さんと奥野さんがおられたので、私も少し心強かった。

檜山さんはサイゴンのレコード会社と合同で新しいレコード会社設立のため、代表として最近着任したばかり。奥野さんはその制作顧問という資格だった。

参謀部に直行すると、見るからに武人らしい河村参謀長が柔らかい語調で母の死を悼んだうえ、ぜひ仏印派遣軍の歌を作曲して欲しい。それに陸、海軍の慰問と、大使府文化部主催で残留フランス及び現地人のための音楽会開催等を願いたい。必要な物は調達すると話した。

宿舎のマジェスティク・ホテルの私の部屋には兵士数名でさっそくピアノが運び込まれた。

注文した五線紙も届いた。翌日には市内のキャバレーやレストランのバンドを聞いて回り、結局「大世界」というキャバレーのバンドを使うことにした。メンバーは大部分がフィリピン人だった。

間もなく仏印派遣軍の歌はでき上がり、司令部他数か所で発表演奏会を催し、行進曲のレコード吹き込み録音も終えた。

在留民間人のための親善音楽会はプログラムの編成等も大変であった。

サイゴンには日本人小学校があったので、生徒に童謡を三曲。台湾系の歌手、黄さんにソロ、楽団に「派遣軍の歌」と私が組曲にした「日本民謡集」、これは楽譜がないので記憶から作った。童謡も愛らしく、また黄さんは本格的に勉強した人なので、発声も発音もよく、「椰子の実」「暁に祈る」「若鷲の歌」「愛国の花」等を巧く歌ってくれた。またワルツ「南国の朝」、これは二、三年前、ピアノ曲として私が作曲したばかりだったので楽団演奏曲にした。

楽譜もオーケストレーションも全部一人で書いたから忙しかった。

一日おきくらいに、参謀長官邸に食事に招待された。フランス駐在武官としてパリの大使館に長くおられた河村参謀長は、音楽好きで、食事中もレコードをかけさせた。主にフランス系のクラシックで私の趣味とも一致。大いに楽しんだ。オペラの話など尽きるところを知らず、毎回遅くまでお邪魔してしまった。

八月十八日午後九時、主催日本文化会館、「古関裕而音楽と映画の夕《ゆうべ》」が、会場はエデン映画劇場で開催された。入場者は全部招待者。映画は「日本ニュース」「世界ニュース」「水泳日本」。

招待客は陸、海軍の高官等総領事、日本人会、コーチン・チャイナの知事、サイゴン市長、フランス軍関係者、タイ総領事、ドイツ、スイスの外交官、安南《あんなん》（まだベトナムと呼ばなかった）の著名人等、約七百名。

最初に「南国の朝」。次に児童合唱。黄氏のソロ、「派遣軍行進曲」「民謡集」と並べたが、アンコールされて私も大いに面目をほどこした。休憩になると、フランス人等は控室に大勢入って来て、口々に誉めてくれた。たぶん戦争以来音楽会など初めてで、音楽に飢えていたのだろうと思う。またフィリピン人のバンドのメンバーもカンがよく、私の指揮によくのってくれたからだろうとも思った。これで、亡き母も、私がかけつけなかった不孝を免じてくれるような気がした。それからも数回、慰問演奏をして喜ばれた。

もうこれで帰国できるかと思ったが、ホテルには、内地行の飛行機の空席待ちの将校らがあふれ、一か月も待っている人もあったので席のことが心配だった。それとなく参謀長に話すと、すぐ担当将校を呼び、席を取ってくれた。何だか待ち続けている人々にすまないような気がした。

帰国当日には、「君はお酒は飲まないから」とフランス製の大形チョコレート五十枚、また特に急いで作らせたという羊羹《ようかん》五十本。それから「仏領印度支那の音楽考」仏文の上下二冊、ラオス族の民族音楽器、笙《しょう》に似たもの等、整えてくださった。参謀長は握手して、「おかげで何よりの慰問と、現地人との友好に役立ってくれてありがとうございました。お母様のご冥福を祈ります」と丁重に挨拶された。大勢の関係者が見送ってくださった。

飛行機は羽田行の直行。福岡で軍人二、三名が降りた。その時突然空襲警報が鳴り、我々も待避。それでこの便は突如ここで打ち切りと発表された。やむなく福岡に一泊、翌日汽車に乗ったが、途中弁当を買おうとしたら外食券が必要だと断られた。しまった、宿で作ってもらえばよかったと思ったが後の祭り。

そのうち向かい側の品のいいお婆さんが大きなおにぎりを、うまそうなたくあんで食べだした。ままよとばかりに、サイゴン製羊羹一本を出してかぶりついた。これを見たお婆さんはびっくり、しばし見とれていた。私は思いきって、「すみませんが、……かくかくしかじか……の訳で弁当を持っていないので、この羊羹一本とおにぎり一個と交換してくださいませんか」

とサルカニ合戦みたいなことを言うと、お婆さんはニコニコして、

「一つと言わずに二つ取ってください。羊羹など何年も食べてなくて夢に見ているくらいです。ありがとう」と、逆に礼を言われた。

その後は、羊羹ばかりで、無事東京に着いた。妻に留守中の苦労を謝し、母の臨終の模様を聞いたりしたが、葬儀は私の帰国を待ったうえでとまだ行っていなかった。

九月五日、郷里福島で母の葬儀を行った。ちょうど、亡くなってから一か月目であった。

幻の、いやな歌

昭和十九年十月二十日、「神風特別攻撃隊の歌」が発売されるはずだった。その当時、米軍はレイテ島に上陸。そして二十四日、フィリピン沖海戦となった。その頃読売新聞社は国民の志気を鼓舞するために、新作戦時歌謡を募集によらずに依嘱で制作することにした。そして作詞を西条八十氏、作曲を私に依頼してきた。

間もなく西条氏の詞ができて、読売新聞社ではその検討及び作曲者への注文、並びに完成の折の発表会等に関して会議を開いた。西条氏と私、新聞社の幹部、軍部の将校等が参集。

詞について、これでよいと決まりかけた時、某将校が、

「自分が小さい時歌った小学校唱歌『水師営の会見』の中に、敵将ステッセルの名が入っているのが非常に印象強く残っている。この際ぜひとも敵のマッカーサーとニミッツの名前を中に入れてくれ。そして敵将の名前を国民に印象づけることが一番だ」

と強硬に主張して譲らない。西条氏は、

「そんな勝手なことを言われても入る余地はないし、人名を入れるのは断る」

と語調を強めて反論されたが、将校はどうしても譲らず、ついに西条氏が折れた。

レイテは地獄の三丁目
出て来りゃ地獄へさか落とし
というところを、
出て来いニミッツ、マッカーサー
出て来りゃ地獄にさか落とし
と訂正されて、この論議は終わった。
このことに関して西条氏は「私の履歴書」の中でこう書いている。
「終戦直後、ぼくが疎開地で読んだ新聞には西条八十が進駐軍によって絞首刑にされるだろうと書いてあった。それはぼくが読売に発表した『比島決戦の歌』の中にある、
出て来いニミッツ、マッカーサー　出て来りゃ地獄にさか落し
というひどい詞句のためだと添え書きしてあった。それを読んだのが、当時まだ元気だった読売記者で、音楽評論家の吉本明光で、ぼくに手紙をくれて『あの繰返句はあなたの創作ではありません。参謀本部の軍人たちが創作してむりに入れさせたものだ。いざという時には、ぼくが生証人に立ちます』と言ってくれた。それでもぼくは一時多少の覚悟はしていたが、幸い事実にならずにすんだ」
さて、作曲ができて発表会ということだったが、とても発表会等とお祭りさわぎをす

る時ではなかったので、放送でそれをやりお茶をにごした。レコードは前の「神風特別攻撃隊の歌」と同じ二十年二月二十日発売となっていたが、実際には製造されなかったようである。

歌詞も楽譜も何もなくなってしまって、かろうじて前記二行だけ記憶している。この歌は私にとってもいやな歌で、終戦後戦犯だなどとさわがれた。今さら歌詞も楽譜もさがす気になれないし、幻の戦時歌謡としてソッとしてある。

応召と終戦前後

昭和十九年十一月二十四日、アメリカ空軍のB29爆撃機の最初の東京空襲があった。その後徐々に来襲回数も増え、二十年二月からは、日本の各地方都市にも来襲するようになった。

海軍人事局から「特幹練の歌」の作曲を依頼されたのはこの頃であった。

特幹練とは、航空隊の特別幹部練習生の省略で作詞者は西条八十氏。人事局では「若鷲の歌」以上のものを期待するというのである。西条氏は既に、茨城県の下館《しもだて》に疎開されていたが週一回くらいは、早大の講義や仕事の打ち合わせに上京されるので、その時、人事局に一緒に行くことにして、コロムビアのディレクターが、人事局との連絡係をしてくれた。

　数回の打ち合わせが済み、作詞ができ上がり次第作曲にとりかかる準備をしていた。

　三月二十一日に硫黄島《いおうとう》の栗林《くりばやし》中将以下、日本将兵の全滅が報ぜられた。栗林中将は「暁に祈る」の作曲当時、陸軍馬政課長であられ、幾度もお目にかかっていたので、この悲報は私には特に胸を打たれた。

　その四、五日後、突然私に召集令状が来た。私は徴兵検査は丙種だったから召集など考えたこともなかった。しかし、ガダルカナル島で全滅といわれたのは福島県の兵士たちであり、私の従兄弟も戦死（というより餓死が真実であったが）。それくらい日本軍は追いつめられた状態であった。しかも「三月十五日、横須賀《よこすか》海兵団に入団せよ」との命令である。私は驚いて海軍人事局にとんで行き令状を見せると、司令部では、

「これは福島連隊区司令部で、本名の古関勇治を、古関裕而と気付かず発行したもののようですね。しかし一度、出した召集令は取り消すことはできません。今『特幹練の歌』の作曲をお願いしている時ですから、作詞ができるまで一週間くらい、入団していらっしゃい。ちょうど体験のためにはいいチャンスで、いい作曲ができるでしょう。海軍の人事はすべてここの管轄ですから、間もなく召集解除します」

　と、担当将校がはっきり言ってくれた。私は帰宅して妻にこのことを伝え安心してもらった。

その頃、次女の紀子は成城学園初等科（小学校）の疎開学童として伊豆にいたが、こちらも米空軍の進入路であり、また栄養失調の症状が見えてきたので、妻はすぐに福島へ疎開することにして、伊豆から紀子を引き取って来た。紀子は大喜びであった。

三月十日、大空襲があった。長女の雅子は十三歳、紀子は十一歳、警戒警報発令と同時に、百五十メートルくらいの距離の根津山の地下壕に避難させた。リュックサックに、わずかな着替えや非常食糧、教科書を入れたものを背負い、防空頭巾をかぶり避難するのを見送るのは、いつ見納めとなるかわからぬ悲痛なものだった。

しかし、防空群長の妻は隣組を守るために大活躍。日頃の訓練の実績も世田谷区で一、二の成績だったので、隣組に落ちた焼夷弾《しょういだん》は不発弾もあったが、たちまち各自協力して消火し、我が家は焼けなかった。

三月十五日、私は隣組の人々に自分の作った歌で送られ、横須賀海兵団に入隊した。

身体検査の時、幾度もの従軍行の時の無理からか最近ヘルニアになったことを申し出ると、検査官は「ヘルニアなど問題でない。すぐ海軍病院で手術してやる」という。ありがたいが、それではすぐには帰れぬと不安であった。

私が配属になったのは第百分隊。これは芸術家、学者等の特殊技術者ばかりの分隊で、コロムビアの霧島昇君も一時ここに入隊していた。私は、漫画家の杉浦幸雄《すぎうらゆきお》君や宮内省雅楽部の多《おおの》君等と一緒であった。

デッキ洗い、ハンモックで寝る訓練等、すべてが号令による世界。午後は次に召集される人員の名簿作成の整理などやらされた。

そろそろ召集解除と期待したが、それらしい気配もない。ある日、コロムビア慰問団がやってきた。私は一番新米の二等水兵、古関勇治で、世話係の下っ端だから敬礼をして迎え、彼等に茶を注《つ》いだり菓子を運ぶ役である。ところが、歌手連は「まあ、先生、そんなことはしなくていいです。私たちがやります」と、急須など引ったくって私を座らせて茶をつぐので私が困っていると、先輩の一等水兵が「まあ、いいだろう。二水でも、先生だから仕方がないな」と、苦笑して許してくれた。同行のディレクターに「特幹練の歌」のことを尋ねると、「奥さんから幾度も問い合わせがあり、西条先生にも先生の応召のことは話してあり、もうすぐ作詞もできる頃ですからもう少しお待ちください」とのことだった。

ある日突然、ヘルニア手術と決まり、海軍病院に入院させられた。手術は順調だったが、手術した二日後他の入院患者のために輸血した。

「誰か、血液Ｏ型の者はいないか」

ということで、私はＯ型だったので輸血用の血液を何百ccか取られ、代わりに生卵二個特配されたが、ちょっと元気が出なかった。

ようやく回復したが、その頃は空襲もあり、気が気ではなかった。もう駄目かと思った頃、「重要要務者として召集解除する。明日午前九時営門前に集合せよ」との通知があった。約一か月余の入隊だった。

翌朝、第百分隊の人々に別れの挨拶をして営門前に集まると、他の分隊からの解除者もあり、一同整列。軍楽隊の演奏する軍艦マーチに歩調を合わせて営門を出た。しかし一旦立ち止まり、兵舎の方を向いて「帽子を振れ!」の号令で見送る者、送られる者、互いに帽子を振った。この時は何となく目頭が熱くなった。また軍艦マーチを、これほど身に染みて聞いたことはなかった。このマーチには多くの歴史があるのだと感じた。

我が家の玄関で「ただいま!」と呼ぶと、妻が飛び出してきて抱きついた。娘も飛びついてきた。

「だめだ。だめだ。しらみがうつるよッ」

と私は叫んだ。浴室で衣類を全部、脱ぎ換えた。

翌日コロムビアの者と共に、人事局に行き局長に挨拶。西条先生の作詞をいただいた。

沖縄には既に米軍が上陸し、連日、大激戦が続いていた。

四月十五日に、川崎市が空襲され東京も連日爆撃されていたが、五月二十五日に再び大空襲された。幸い我が家は焼け残ったが、隣組は焼かれた。炎に包まれた敵機が我が家目指して落下してきた時、私は廊下で「もう、だめだよッ」と絶叫したが、屋根上三、四メートルをすれすれに滑空し、根津山の向こうに落ちた。庭も何もかも炎の反映で真赤に照らされ、まして夜だから物凄かった。かねて準備し、私の帰宅を待っていたので、すぐ子供たちを福島市の実弟の家に疎開させた。子供のない弟嫁に託《たく》し、妻は東京に残った。私は放送などの仕事で忙しかった。

六月二十一日、ついに沖縄は陥落。いよいよ本土決戦近しの事態になっていった。

七月に入り福島市も危くなってきたので、飯坂《いいざか》温泉の知人の離れ座敷二部屋を借り、妻は子供たちを飯坂に移すために帰福した。

当時福島の家の二階は、郡山《こおりやま》出身の毎日新聞記者、西山安吉君に一部屋貸してあった。彼は非常に機智《きち》のある人で、詩も西条先生の門をくぐり、郡山では詩のグループを作り、上京の時はいつも珍しい物を手に入れて持参してくれるので、家内とも親しかった。西山君、後にコロムビア専属作詞家、丘灯至夫《おかとしお》氏である。なぜ、その名をつけたのかと聞くと、「新聞記者は押《おし》と顔《かお》がきく。これを逆に読むと、ほら、おかとしお。アハハハ」

と笑う。

七月中旬、東京の放送局から私に至急連絡があり、「福島の奥さんが腸チフスにかかり重態だから、すぐ来るように」と福島放送局からの伝言であった。当時は電報も電話も不通であったから、小さい娘たちはオロオロするばかりであったが、さすが西山君、すぐに福島放送局に走ってくれたのだ。

福島に来て三日目から発病したので、既に高熱が一週間続き、うわ言ばかり言っていた。幸いに女学生と小学生の娘たちには感染せず、女子医専の付属病院に入院させ、私が看病した。当時は汽車に乗るのも許可が必要だったが、私は、NHKと海軍省の特別通行証を与えられていたので直行できた。通行証は汽車に乗るたびに発行してもらうのだが、これがあるおかげで私はずい分助かった。東京と福島間の往復が多かったからである。また海兵団で腸チフスの予防注射をしてあったので感染の心配はなかった。「特幹練の歌」は時局重大のため制作中止となったが、この歌の私に与えた影響は大きかったわけである。全く何が幸いになるか分からないものである。

元気に出掛けた妻がわずかの間に変わり果て、その顔には死相が現れていた。難しいと言われたが、私からの輸血を二回ほどした。隣室の十九歳の青年は脳症を起こして死んだが、妻はついに危機を脱した。

父の呉服店時代の旧店員や、私の同窓生、友人、知己等も多い福島で発病したことは不幸中の幸いだった。福島には薬品もあった。果物や野菜、卵、牛乳等もあった。

西山君は、得難い木炭をどこからか都合してくれた。自動車も木炭自動車で、燃料を提供せねば動いてくれない時代だった。

その西山君に召集令状が来たのには驚いた。身長も百五十センチくらいで脊椎《せきつい》カリエスがあり、いつもギプスをはめていたので、「西山君までかり出すとは、日本もお仕舞いだ。きっとすぐに戻るよ」と友人たちは餞別《せんべつ》も出さぬくらいだったが、どういう訳かパスしてそのままとなり、まもなく病気になり海軍病院に入院した。

家内は八月に入り日々快方に向かったが、福島にも空襲警報が出るようになった。病室は二階なので、私は日中階段の数をかぞえておき、そのたびにまっ暗な階段を一、二とかぞえながら、妻を背負って、待避壕へ降りた。少しは動かせる状態になっていたのでよかった。

八月十日頃、退院して飯坂に戻った。私は、放送局から催促され、出演交渉を受けていたので上京した。

福島駅で顔見知りの新聞記者が、「どうも戦争も終わるようですよ。日本も負けましたね」と、それとなく教えてくれた。

東北線の夜汽車に揺られ、昼近く、新橋駅の改札口を出ると、駅長室付近に人だかりがしている。「何ですか」と近くの人に尋ねると、「正午に天皇陛下の玉音放送があるそうです。敗戦ですかねえ、それとも本土決戦かも……」という。すぐに放送があったが、人のざわめきでよく聞きとれなかったが降伏らしく、目頭を押さえる人や嗚咽《おえつ》が聞こえた。

私はすぐ内幸町の放送局に急いだが、入口に憲兵が立っていて説明しても入れてくれなかった（後で、陛下の玉音録音盤をめぐってトラブルがあったことを知った）。

降伏なら当分放送も休みだろうと自宅に帰った。何の変わりもなく家があるのにほっとした。留守宅は、弟子の土橋啓二《どばしけいじ》君の母上が守ってくれた。土橋君も兵隊になっていたが、「そのうち兵役解除で戻るだろうから心淋しいだろうがお願いする」と土橋君の母上に、よく留守を頼んで福島へ戻った。十時間もかかった。

その頃、土橋君と船越君の二名が私の弟子になっていた。二人ともミヤタ・バンドのメンバーで、私が昭和七、八年頃、指揮を担当していた時の仲間であった。

その後は弟子の人数も増え、多い時は十二、三人が狭い部屋にひしめき合っていた。弟子といっても私は写譜を主に手伝わせるだけで、作曲について特別な指導をするようなことはなかった。

妻は床からはい出して玉音放送を聞いたそうだ。午後から、赤い日の丸のついた日本の飛行機が編隊を組んでしきりに空を飛び回り、あの姿も見られなくなるのでは？ と悲しくて涙が流れたと言っていた。

福島市の信夫山麓のカソリック教会に、在留外国人が抑留されていたが、そこへ米軍が超低空で飛来し物資を投下して行った。

数日後、飯坂町には回覧板が回り、その中に「アメリカ軍がやってくるが、縞《しま》のモンペはパジャマと間違えられるので、問題が起こるといけないのではかないように」との項目があった。

妻は軽井沢などで外国人馴れしているので笑って茶色の縞銘仙のモンペをぬがなかった。

やがてジープを連ねて多くの米軍が入って来て温泉旅館は、小さい所には色青ざめた疎開児童が、大きい宿には米兵が入り、また日本の傷病兵の療養所もあり、実に複雑であった。米兵はニューヨーク兵なので、治安もよかった。にこにこして親切で何の問題もなかった。

九月になった。疎開当時、長女は成城学園女学校一年生だったので福島の高等女学校へ、次女は私の母校の師範学校附属小学校へ転校させてあったが、夏休みになったのでよく私と買い出しに行った。飯坂付近は果樹王国。戦時中、他の栽培に切り換えた所も多かったが、果樹はほとんどそのままだった。水蜜桃やりんご、ぶどう等、どこでも喜んで売ってくれた。その点、東京より恵まれていた。

主食はなかなか出回らなかったが、妻もぼつぼつ歩けるようになると、亡母の着物等を持って行き、米と取り換えてくるようになった。

飯坂は温泉町の上に近くに山深い村もあり、農作物の他に小鳥の串刺などもよく売りに来た。どじょうを売り歩いていたお婆さんから、バケツ一杯のどじょうを買った。結婚した頃は、まるのままのどじょうを気味悪がっていた妻が、栄養のために何でも食べるのに驚いた。臭いをいやがっていたにんにくも毎日食べ、近くの養蜂家から蜂蜜も分もらい身体《からだ》はめきめき回復していった。
はその頃、日本では珍しいドラマティック・ソプラノとして、師のベルトラメリ氏からは「あなたは私の後継者よ」と言われ、音楽会では「アイーダ」のアリア「オ・パトリア・ミア」(わがふるさと)の難曲を歌ったりして、楽壇ではわりに有望視されていた。軽井沢で練習しているところを、上野音楽学校教授、リア・フォン・ヘッサート女史のお耳にとまり、女史は「日本に来て、こんな素晴らしい声と歌い方を聞いたことがない」とまで言って絶讃《ぜっさん》してくださった。そして間もなく教会で独唱とピアノの会を開催して妻に歌わせた。

戦争中も、折ある毎に歌っていた。

警戒警報発令中でも、準備万端整えてからまっ暗な部屋で私の伴奏で歌ったりしていた。陸軍病院に慰問して歌ったこともある。だから彼女が体力の回復をはかることは、歌のためでもあった。

チフスで休んでいる間に、声帯は十分休息したとみえ、練習を始めた声は澄みきって実に美しかった。福島民報新聞社長の令息、中目徹さんが、上野音楽学校を卒業して近くに疎開していたので、私たちは三人連れでよく小学校のピアノを借りて練習していた。

ある夜、アコーディオンの巧い長谷川君という青年が来て妻の伴奏をしてくれ、歌ったり音楽の話をしたりしていた。私たちの部屋は横町で、通りに面して長い廊下があった。

その廊下で人の気配がしたが、障子が閉めきってあるし、よく通りすがりの人や子供が腰かけて歌を聞いているので気にも止めなかった。「ラ・スパニョーラ」や外国民謡等夢中になって妻は歌っていた。後から隣の人が来て、ここにアメリカ兵が十名くらい腰かけて、小一時間もじっと静かに聞いていた、と聞かされそのエチケットのよさに驚かされ、さすがに民度が高いと感心した。

小学校では、中目君と妻の歌を、音楽会を開いて子供たちに聞かせたいと言ってきたので帰京前に、その約束を果たして大変喜ばれた。

こうして家族全員が、元気に終戦まで生存できたことは全くありがたいことだった。

鐘よ　なお鳴り響け

終戦後、初めての仕事が菊田一夫さんとの仕事であった。これも何かの縁なのだろうか。それからの私の音楽は、菊田さんの行くところへとついて行く。まるで、拍車をかけて走る二輪車が、留まるところを知らずに走っているようだった。よくもあれだけ多くの仕事をかかえていたものだと思う。健康な体にも感謝したい。

また、腸チフスにかかった妻も徐々に健康を取り戻し、昭和二十一年には長男正裕《まさひろ》を出産した。妻は次第に家庭的に忙しくなり、残念ながら歌を歌う機会を逸してしまうが、家庭を守りながらも私の仕事のよき理解者であり、よきアドバイザーでもあった。

ここでは、ラジオ放送の全盛、昭和二十年代の主な作曲活動——菊田さんの作「鐘の鳴る丘」「君の名は」等——当時を思い出しながらつづってみたい。

連続ラジオ・ドラマ「山から来た男」

作　菊田一夫

しばらく連絡の途絶えていた放送局の演芸部、独活山万司《うどやまんじ》さんから電報が来たのは、昭和二十年十月初めである。玉音放送を聞いて飯坂に戻った時から既に数十日がたっていた。

久々に上京し放送局に行くと、正面玄関には米兵のMP（憲兵）が立っていた。自由に出入りしていたのにと、威圧感にちょっと敗戦の悲哀を感じた。おもいきって中に入ると戦前と様子が違っていて、一階と四階は全部進駐軍に占領され、総司令部のCIE（民間情報教育局）が入っていた。

独活山さんに会い、互いに無事で再会できたことを喜び合った。「菊田氏も、岩手県の岩谷堂《いわやどう》という疎開の町から帰京したので、戦後のラジオ・ドラマの第一発としてやりたい。既に彼とは打ち合わせも済み、近々、台本の一部ができ上がる」ということで、「山から来た男」の題名で十月から年内一杯、二週一回の連続放送と決定。台本ができ次第飯坂に郵送してもらい、放送当日、上京して放送することに決めて戻った。

妻は特別の好意で旅館「花月」の温泉に入っていたが、徐々に体力も回復し、一緒に行けるようになっていた。「花月」の主人、後藤寿一氏と私は、戦争中シンガポールのキャセイ・ホテルで偶然、名乗り合い、それが縁でやっかいになっていた。飯坂の疎開先は、後藤氏の令兄の離れ座敷であり、かつては、ラジオ体操で有名な江木理一《えぎりいち》氏が住んでいた家だった。後藤氏の娘さんは後にピンポン選手として海外にも活躍され現在は、令息が、吾妻スカイ・ラインにホテルを経営されておられるが、その頃は、まだ七、八歳の福々しい美少年で「金ちゃん、金ちゃん」と呼ばれ、皆に可愛がられていた。「花月」は、どの部屋も進駐軍に提供していた。アメリカ兵が入ると湯が汚くなるので、私たちは、なるべく明るい四時頃に、家中で行った。男女混浴だが、それも馴れると平気である。ある時、英語ばかりで話す日本人と二世的だが、昔の映画俳優、鈴木《すずき》伝明《でんめい》さんにそっくりな男性が入っていた。妻が横で、

「パパ、鈴木伝明さんにそっくりねぇ」と、日本語のわからない人だと思って言った。妻の兄は、鈴木伝明さんによく似ていたので、妻はよく覚えていたのであろう。後から、子供が、

「あの人『あなたたち東京でしょう』と私に聞いたわ。日本人よ」

驚いて後藤さんに尋ねたら、正真正銘の鈴木伝明さんで、炭鉱を経営しているとかでまた驚いた。

ともかく「花月」の大囲炉裏《おおいろり》に大茶釜《おおちゃがま》の吊られた茶の間では、浴衣《ゆかた》姿でつんつるてんに足を出したアメリカ兵と、金ちゃん等と共に、言葉が通じないので、身ぶりや手まねをしたり、紙に絵などを描いて話したりして、面白かった。

私は、作曲ができるたびに上京していた。そこで「ほんとに『山から来た男』ですね」とからかわれた。

出演者は全部、放送劇団のメンバーで、小山源喜《こやまげんき》、加藤道子が主役。ストーリーは、田舎に疎開していた男が、山から帰って会社を再建していく、というもので、長く戦争の暗鬱に閉ざされていた大衆は、久々にドラマを聞き、また内容が建設的な意欲のあるものだったため、かなりの好評を得て大成功だった。

放送のための往復は、乗車券も制限されていたが、ＣＩＥの証明書と放送局の出演証明があったので大助かりだった。駅でアメリカ兵からチョコレートやキャンディーを買わされ、子供たちの土産に喜ばれたりした。

「山から来た男」は十二月末まで放送し、暮に演芸部長から、スタッフ全員に金一封が贈られ、皆で祝盃を上げたのだった。

だが、終戦直後の内幸町放送局の内部は先に述べたように、四階と一階は米軍が使っていたから一階のトイレも使用禁止で、わざわざ地階に降りねばならなかった。

古川ロッパさんは華族の出身でプライドも高いので「よし、では僕が……」と強行を試みたが、ＭＰに妨げられ不成功に終わった。

また放送局員にも、家族が疎開していたり家を空襲で焼かれた者もいた。食糧不足で食堂は閉鎖されたままなので、闇の食糧を買ってきて電気こんろでご飯をたいたり、魚を焼いたり、干物をあぶって食べたり、男たちも、すべて自分たちで料理せねばならなかった。また、毛布を持ち込んで寝泊まりしている者もあった。

アメリカ軍は、魚を焼く煙や臭いが嫌いで、そのうち「魚焼くべからず」という禁令が出た。一度〝くさや〟の安売りとかで大量に焼いたことがあり、思えばそれが直接の原因だったのであろう。

闇ブローカーが出没し、煙草、チョコレートなど、アメリカ物資などのご用聞きが来たりした。当時を知る人も少なくなり、今の放送局内では、現会長の坂本朝一《さかもとともかず》氏など、ほんの二、三の人のみとなってしまった。

ラジオ・ドラマ「山から来た男」の大ヒットに、すっかり気をよくした放送局は、再び、菊田さんと私のコンビで、連続ラジオ・ドラマをやることを企画し、今度は、スリラーふうの「夜光る顔」を、三、四回に渡って放送した。マスクをかぶった男の殺人事件を扱ったもので、これもまた好評だったので、また同じコンビで「駒鳥夫人」も放送した。

戦後の娯楽のない時であったから、ラジオ・ドラマは、大衆には一番喜ばれた。

「白鳥の歌」と「夢淡き東京」

昭和二十二年の三月頃と記憶しているが、長谷川幸延《はせがわこうえん》さんの連続ラジオ・ドラマ「音楽五人男」の音楽を担当した。以前放送した村上浪六の「当世五人男」のパラフレーズ的な物語でたぶん三回連続だった。それぞれ違う経歴を持つ五人の男が同じ音楽の道を志すという筋であった。その主題歌に長谷川幸延さんは若山牧水の有名な短歌、

白鳥《しらとり》は悲しからずや空の青　海の青にも染まずただよう

を持って来た。

昔から牧水の短歌が好きで読んでいた私は、何の苦労もなく作曲できた。十代に川俣のお寺の住職さんと和歌に曲をつけては一緒に歌ったりした、あの経験がここに生きたのである。放送の冒頭に主演の一人である藤山一郎さんが毎回歌った。他に古川ロッパさんや高田稔さん、また久我美子《くがよしこ》さんは少女役で出ていた。放送はヒットして評判になり、東宝で映画化することになった。映画での主題歌は別に作ることになり、サトウハチローさんに作詞を頼んだが、なかなかできない。ついに曲を先に作り、後で詩を入れてもらうことにした。サトウハチローさんはマンドリンを弾いたりしていて楽譜も読めるので、作曲者としては安心して頼めた。

詩人で楽譜が読める人はごく少ない。知る限りでは他に藤浦洸《ふじうらこう》さんぐらいではないだろうか。

さてハチローさんの詩ができて来た。それが「夢淡き東京」である。

一　柳青める日　つばめが銀座にとぶ日
誰を待つ心　可愛いガラス窓
かすむは　春の青空か
あの屋根は
かがやく　聖路加か
はるかに　朝の虹も出た
誰を待つ心　淡き夢の町　東京
（以下略）

出演者は放送と大体同じだが他に相原巨典《あいはらきよすけ》、小夜福子《さよふくこ》の二人も参加。小田基義《おだもとよし》さんの監督で六月三日に封切られた。主題歌は勿論レコードになりヒットした。

映画の中でも「白鳥の歌」を歌っているので、これもレコード化することにしたが、一首だけでは短すぎるので、同じ牧水の短歌から良く知られ、かつ同じムードのものを二首選んだ。確かコロムビアのレコード製作担当の人と私とで選んだと記憶する。

幾山河越えさり行かばさびしさの　はてなむ国ぞ今日も旅ゆく

いざ行かむ行きてまだ見ぬ山を見む　このさびしさに君は耐ふるや

歌手は藤山一郎さんと松田トシさん。私はこの曲が好きで、色紙を頼まれると「白鳥は……」か「幾山河……」を書くことが多い。曲が短いし、下手《へた》な画を描き添えるのにも自分の好きな山の絵が描けるし、海も単純で描き易いからである。

この歌は徐々に広まって、愛唱者が増えていった。

音楽評論家の園部三郎氏はその著書「日本の詩歌」の別巻「日本歌唱集」の中でこう言っておられる。

「短歌を、歌曲にすることはたいへんむずかしい。短音階の抒情をよく生かした曲であり、また映画の主題歌として発表されたため、広くうたわれた」

事実、短歌の作曲は難しい。短いために、一部を繰り返したりして作曲するのが定石であるが、私はそれをやめて、あくまで短歌の持つムードをそのまま表現した。山田耕筰先生はじめ多くの先輩作曲家が古典から現代までの短歌の中から数多く作曲しているが、大衆に愛唱された短歌の歌曲は一曲もない。そのまれな例がこの「白鳥の歌」ではないかと思う。

なお、現在音楽之友社「高校生の音楽」の一年生の教科書に、採用されている（音域が広いために高校生が歌うには少し難しいので移調してある)。大衆歌曲として発表した曲が教科書に掲載されるケースも珍しいと思う。

「雨のオランダ坂」

戦後の街に闇市ができて、配給品や、それ以外の生活必需品が、公定価格以上の高値、すなわち闇値で売買され、どこからともなく野菜や魚介類、皮製品、あるいは、にぎりめし、餅、衣類や、アメリカの救援物資としての使い古しのセーター、ワンピース等々まで出回り売られた。盛り場のにぎわいの傍らには、復員軍人姿の闇商人と対照的に、義手、義足をはめたり眼帯をつけた傷痍《しょうい》軍人が、物哀《ものかな》しげに、アコーディオンで、「戦友の歌」や私の作曲の「暁に祈る」等を弾いたりしていた。幾度も戦線を訪れた私は、こういう人の前は素通りできなかった。いつもいくらかの献金をすることにしていた。

そんな頃、幸いに工場が焼け残ったコロムビアがいち早く立直り、万城目正《まんじょうめただし》君の「リンゴの唄」が街に流れ出た。私も放送の間をぬってレコード歌謡の作曲を始めた。

終戦の年二十年は、作曲活動はほとんどしていない。したくてもそれどころではなく食料にも困っていた時であるから、他の誰もがそうであるように生きることに精一杯であった。

また、コロムビア以外のレコード会社の工場は、大半が空襲で焼かれてしまったため、当時のレコードは、ビクターでもテイチクでもすべてコロムビアが製作した。

菊田一夫さんから、至急に作曲を頼むと、一篇の詞が届いた。大阪で上演する新国劇の「上海」という芝居で、カフェーの女給が歌う歌であるが、菊田さんらしい抒情とロマンティックな情熱のある暗いが美しい詞だった。

作詞　菊田一夫
歌　渡辺はま子

一　こぬか雨ふる　港の町の
青いガス燈の　オランダ坂で
泣いて別れた　マドロスさんは
しまのジャケツに　オイルのコート
煙《けむ》にむせてか　泣いていた泣いていた

二　雨のふる日の　日暮の頃に
思い出します　オランダ坂を
遠いあの日を　忘れもせずに

ぬれて歩けば　出船の汽笛
港恋しと　泣いている泣いている

三
異人屋敷の　窓の灯《あか》りで
ぬれてさまよう　マドロスさんを
恋しい人かと　のぞいてみれば
遠いお国の　見知らぬお人
オランダ坂の　雨の日よ雨の日よ

私が、初めて長崎に行ったのは昭和十年だった。南国の香りと、横浜以上に、異国情緒のあふれた歴史のある街に、私はすっかり魅せられていた。少年時代に、北原白秋の「邪宗門《じゃしゅうもん》」や「思ひ出」を愛読したので、九州の風物は親しみを感じていた。「雨のオランダ坂」に出てくるマドロスや異人屋敷は、訪れた時の印象も鮮やかだったので一読して作曲意欲をそそられた。

この頃既に原爆で町は破壊されていたが、私の中では、すべてが昔のままの姿で残っていた。それがかえってよかったのかも知れない。

作曲完成と同時にレコード化することも決まり、歌手は、美声の渡辺はま子さんにした。

雨の長崎、オランダ坂の日暮れの情景などにエキゾティズムを加え、自分としても会心の作である。レコードの間奏には、「マダム・バタフライ」の有名なハミングコーラスの一部を入れて一層ムードを出した。歌は三拍子、間奏は四拍子で独特な味を表現してみた。

裏面は、やはり菊田さんの作詞で「夜更けの街」。私の曲である。

伊藤久男君が歌っているが、彼は戦時中、身体をいためて郷里の福島、本宮《もとみや》に引きこもっていたが、この年に上京、戦後初めての吹き込みではなかったかと思う。

後日、この「上海」という劇が、松竹で「地獄の顔」と題して映画化され、二曲共、その主題歌となった。

連続ラジオ・ドラマ「鐘の鳴る丘」

作　菊田一夫

主題歌「とんがり帽子」

作詞　菊田一夫

歌　川田正子《かわだまさこ》・音羽ゆりかご会合唱団

一　緑の丘の赤い屋根
とんがり帽子の時計台
鐘が鳴ります　キンコンカン
メイメイ小山羊《こやぎ》もないてます
風がそよそよ　丘の家
黄色いお窓は　おいらの家よ

二　緑の丘の麦畑
おいらが一人でいる時に
鐘が鳴ります　キンコンカン
鳴る鳴る鐘は父母の
元気でいろよと言う声よ
口笛吹いておいらは元気

三　とんがり帽子の時計台
夜になったら星が出る

鐘が鳴ります　キンコンカン
おいらはかえる屋根の下
父さん母さん　いないけど
丘のあの窓　おいらの家よ

四

おやすみなさい空の星
おやすみなさい仲間たち
鐘が鳴ります　キンコンカン
昨日にまさる今日よりも
あしたは　もっとしあわせに
みんななかよくおやすみなさい

なんという愛らしく、優しく詩情に満ちた美しい詩であろう。幼い日に不遇であり寂しさを味わった菊田さんならではの詩である。

何も知らず幼くして戦災で父や母を失った子供たちが巷にあふれ、救いたくても自分たちの食糧もまた十分腹を満たすには不足の時代だった。進駐軍も爆撃の悲惨な戦禍を目の当たりに見て、チョコレートを与える兵士も多かった。

昭和二十二年六月頃、CIEの指令で、戦災孤児、浮浪児救済のキャンペーンのために、この「鐘の鳴る丘」の放送が企画された。そして昭和二十二年七月五日に第一回が始まり、まる三年六か月の連続放送となり、昭和二十五年十二月二十九日、第七百九十回で大団円となり完了した。

最初、CIEは一回十五分間というアメリカのソープ・オペラ（主婦向けの昼間のメロドラマ）の形式をとることを命じた。わが国では、これまでの放送劇で最短時間でも二十分間であったから、菊田さんは、この指令をつっぱねたが、「アメリカでは、CM（コマーシャル・メッセージ）を入れて十五分の放送劇をしているからできないはずはない」と、強硬なCIEの指令に、ついに折れて承知した。初め、放送は毎週、土、日の二回で一年間の予定だった。音楽は予算が少ないから、できるだけ小編成で、という独活山さんと、あまり小編成では、雰囲気の表現がうまくできないという私とが対立した。

ちょうどその頃、進駐軍放送WVTRが始まっていたが、その終了番組に、ハモンド・オルガン独奏が毎晩あって、その音色が非常に多彩豊富で変化があり、幽幻な境地さえ表現できるので、私は、これを使おうと思いついた。菊田さんも独活山さんも、これに賛成。

放送局には、ハモンド・オルガンが発明された六年後、昭和十五年に一台購入してあった。時々パイプ・オルガンの代わりに使用されていた。奏者は、東京管絃楽団のメンバーであり、パイプ・オルガンも、アコーディオンも弾ける小暮正雄氏にお願いした。また一番大切なテューブラー・ベル（鐘）だけは、打楽器奏者でないと困るので、一名加えて演奏関係は二名と決まった。

さて、主題歌の詞ができ、オープニング・テーマの鐘の作曲には苦心した。単純で印象的で、この音を聞いただけで、子供たちがラジオの前にとんでくるくらい引きつけねばならない。関係者が試聴してOKとなり、歌手は川田正子さん。指導は海沼実《かいぬまみのる》さん。合唱は、音羽ゆりかご会と決まった。

ナレーターは放送劇団の巌金四郎《いわおきんしろう》君。出演する子供たちは、巌君の友人で練馬区の小学校の先生が指導している児童劇のグループの五、六年生。大切な一番幼いミドリの役は三年生の女の子。出演の大人の役は放送劇団員であった。

最初は順調だったが、だんだん台本の仕上がりが遅くなり、作曲が間に合わなくなりそうで、小暮正雄氏に渡すオルガンの楽譜もぎりぎり放送直前になったりした。また菊田さんの音楽指定が複雑になり、ムード表現の作曲はその場その場で、非常に微妙な変化を要求され難しくなってきた。それを伝える時間的余裕もない。ついに独活山さんは菊田さんと相談して、私自身がオルガンを弾くことになった。小暮さんには悪かったがそれより方法がなかった。小暮さんに電気的操作と、レジストレーション（音色構成）の基本を教えてもらい三か月目頃から私が弾くことになった。これが私とハモンド・オルガンとの最初の出会いであった。それまで鍵盤楽器を習ったことはなく、作曲する時にちょっとピアノを弾いてみる程度であった。

放送は生放送で、それを同時に十六インチの円盤に録音してＣＩＥに聞かせ、担当米国人が、あれこれ指摘し、次週番組の参考にした。

三か月目から放送効果が歴然と現れ、局への投書が殺到してきた。「子供番組だが、家中で楽しみに聞いている。素晴らしいドラマだ」と誉めるもの。あるいは「子供の言葉が粗野で乱暴で、家の子供が覚えてマネをするから困る」等いろいろ。しかし、大勢の意見が週二回では物足りないからもっと増やしてくれ、ということだった。半年後には、毎週五回、月曜日から金曜日までということになった。一年間の期限も、菊田さんの納得するストーリーの完成まで無期限に延びた。

私の演奏が少し巧くなると、菊田さんの音楽効果をねらう要求は、益々細かくなり、せりふの間をぬって時々刻々の変化をせねばならなく、結局、即興曲のようなことになった。その間も即座に音色を変えられ、二億数千万種の音色が出るというハモンド・オルガンの機能の魅力にひかれ、菊田さんの指定の個所《かしょ》で秒差の狂いもなく場面転換できたりし、二人で満足した。

ハモンドでどうしても出ない撥絃音《はつげんおん》が欲しくなり、ハープを追加したりした。大好評になったので、予算面もゆるんで追加ＯＫとなったのである。


放送が始まり、一年半くらいたった頃、菊田さんに家庭的な問題が起こり、その悩みから台本は遅れるばかり。こちらもいくら即興といっても大体の筋の運びが分からないと作曲の目ろみもつかないからイライラした。ハープに渡す楽譜も本番直前という無責任で危ないことをせねばならなくなった。

菊田さんは、悩んで疲れているので、本読みやテスト中に、突然、烈火の如く怒ったりすることがしばしばあった。そんな時、演出の独活山さんは要領よく「ちょっと、休憩しよう」と二、三十分休むと、菊田さんの火も納《おさま》り、ケラケラ笑ったりした。

子供たちは菊田さんが怒るとグランドピアノのかげに隠れたりした。そのグランドピアノの底板には「菊田先生のバカヤロー」などという落書きがあった。

ある時、台本が、どうしてもできない。独活山さんが、「出演者は誰なのか早く決めて」というと、菊田さんは、「巌君と古関君だけでよい」と言った。

当日、スタジオで待っていると、放送直前に来た菊田さんは、原稿用紙の間に二枚のカーボン紙を入れて書き出した。でき上がりは三通である。一枚は演出の独活山さん。二枚目は巌君、三枚目は私に。こうして次から次に渡されるが第一枚目の私のに、〝音楽は中断せずに続けて演奏〟と書いてあり、内容は今までのあら筋であった。音楽の注文などは、全くなかった。

私は、目はハモンドの上におかれた原稿を見、耳はイヤホーンのナレーションと、自分の音楽に耳を澄ましながら、即興の曲のために指を動かす。ふと副調制室を見ると、菊田さんは夢中で原稿を書いている。何を書いているか分からない。

ナレーションを聞きながらとっさに音色を変え、演奏しながらレジストレーションを組み立てておく。そのスリルに胸が震えた。

最後の頁《ページ》が来てナレーションが終わり、独活山さんのキュウ（合図）でエンディングを弾き終わったら、ちょうど十四分五十秒。やれやれとハモンドから、ふらふらしながら立ち上がり、巌君と「ああ、よかったね」と握手していると、独活山さんと菊田さんがスタジオにニコニコ顔で入ってきた。初めの苦虫をつぶしたような顔はどこへやら、

「作者も、ナレーターも、作曲も巧いもんだねえ。まるで神業だね！」と大笑いした。

「こんな危ない放送は、もう、こりごり。ご免をこうむりますよ」と、決めつけると、

「いや！　もう二度としないよ」と言った。それっきりで、本当にこの回だけだった。

現在、三十歳から四十歳の人々が、ラジオの前で毎日物語の発展に胸をおどらせ、隆

太、修吉はどうしたかな？　クロちゃんは？　可愛いミドリは？　と楽しみに聞いたであろう「鐘の鳴る丘」のかげには、こんなエピソードもあったのだった。設立された孤児の家で育った人々もきっと立派に成長されていることと思う。

付記。

その頃の菊田さんの悩みというのは——。

ある日、菊田さんから分厚い手紙が届き、何事かと驚いたが、愛人、能勢妙子《のせたえこ》さんに対する今までの心持ちを綿々と書き、彼女のためにコロムビアで吹き込みをさせてもらいたいというものだった。私はその情熱に打たれて、まずそれにふさわしい詩を作るようにと言った。が、間もなく能勢さんは前のご主人と協議離婚が成立、菊田さんは多年の念願がかなって、能勢さんと結婚できた。自然にレコード吹き込みの件は立ち消えとなった。その手紙は長く保存してあったのだが、何かにまぎれこんだのか失ってしまった。

「フランチェスカの鐘」

作詞　菊田一夫

歌　二葉あき子

一
ああ　あの人と別れた夜は
ただ　何となく面倒くさくて
さようなら　バイバイ　言っただけなのに
フランチェスカの鐘の音が
チンカラカンと　鳴りわたりゃ
胸はせつない　涙がこぼれる
なぜか知れない　この悲しみよ

二
ああ　ふたたびは　かえらぬ人か
ただ　ひとめだけ　逢《あ》いたいのよ
愛しているわ　愛しているのよ
フランチェスカの鐘の音が
チンカラカンと　鳴りわたりゃ
声をかぎりに　あなたと呼べど
人はかえらず　こだまがかえる

三　フランチェスカの鐘の音よ
　　チンカラカンの鐘の音よ
　　心も狂う　未練の言葉
　　せめて一度は　つたえておくれ

　この歌は、映画やドラマのテーマ・ソングではなく、特にレコード歌謡として、菊田さんに書いてもらったもの。昭和二十二年に「鐘の鳴る丘」が始まって間もなく、新しい歌謡曲を菊田さんと作ろうと話し合い、たちまちできたのがこの詞であった。

　ところが、この詞を見た途端「これは作曲しにくいな、『何となく面倒くさくて……』というところなど、いわば、せりふの句であり、難しいな」と思った。ぴったりした曲想の浮かぶまで時間をかけて、作曲することにした。

　毎日、出演する「鐘の鳴る丘」などで忙しく、一年くらい過ぎた頃、コロムビアの根村唯由ディレクターから、催促された。それではと考えていた時、ふと曲想が湧いたので一気呵成に書き上げた。

　レコード発売は、二十三年四月一日。歌手の二葉あき子さんは、非常に感受性が強い人なので、この詞の心境も、曲想もよく自分のものとしてとらえて歌ってくれたので、この歌はヒットして、今でも歌われている。

その頃、レコード店には、「あの、面倒くさくて――のレコードをください」という客があったりして、題名よりも分かりがいいくらいだったとか！　菊田さんに、

「フランチェスカは、どこの修道院ですか」

と問うと、菊田さんは、面白そうに笑った。

「さあ、どこにあるかな。俺の好きな発音だから使っただけ！」

菊田さんらしい空想の僧院だったのだ。

女の何気ない、面倒くさくてと言ったさようならの別れの言葉を、まともに受け止め失恋したと嘆いた男は僧院に入ってしまった。女はなお、愛していて男を想う未練の歌だという。


面白いと言ってはいけないことかも知れないが、この歌の二番と三番の繰り返しの間には、女のせりふが入って、その間の事情を説明してあるが、これは、その頃の菊田一夫夫人の高杉妙子さんが受け持った。

しかし、これが発売された頃には、高杉さんは、菊田さんから去り、能勢妙子さんが、菊田さんを悩殺していた。そして、二回目のレコードの吹き込みの時には能勢さんがこのせりふを受け持った。

今のレコードでは、このせりふの部分がカットされている。

この歌が大ヒットしたのに目をつけた京都松竹が映画化したので、今は映画のテーマ・ソングのように思われているが、事実は、歌謡曲として先に生まれ、私の作品の中でも珍しい型のものである。

なお、〝なんとなく面倒くさくなった〟女のせりふというのは次のようなものである。

「フン何でもないわ、あんな人好きじゃなかったんだもの、修道院へ入るなんてバカねェ、あの人、だけどなんだって、この胸がこんなに、やっぱりあの人を、そんなことないわ、そんなこと、ハハハ……………」

「長崎の鐘」

作詞　サトウハチロー
歌　　藤山一郎

一

こよなく晴れた青空を
悲しと思ふ　せつなさよ
うねりの波の　人の世に
はかなく生きる　野の花よ
なぐさめ　はげまし　長崎の

ああ　長崎の鐘が鳴る

二　召されて妻は天国へ
別れてひとり　旅立ちぬ
かたみに残る　ロザリオの
鎖に白き　わが涙
なぐさめ　はげまし　長崎の
ああ　長崎の鐘が鳴る

（以下略）

私は、この「長崎の鐘」を作曲する時、サトウハチローさんの詞の心と共に、これは、単に長崎だけではなく、この戦災の受難者全体に通じる歌だと感じ、打ちひしがれた人々のために再起を願って、「なぐさめ」の部分から長調に転じて力強くうたい上げた。

昭和二十四年四月四日、コロムビアから臨時発売されたこの歌は、当時ベストセラーとなった。長崎医大の永井《なが》隆《いたかし》博士の著書「長崎の鐘」「この子を残して」などからヒントを得て、サトウハチローさんが作詞したものである。が実は、永井博士と親交のあった式場隆三郎《しきばりゅうざぶろう》氏の強い要請によって、レコード化が企画されたのである。

永井博士は、終戦直前の八月九日、米軍の原子爆弾投下により、最愛の奥様を亡くされ、自分は被爆により白血病にかかり、令息と令嬢の幼い二児と共に粗末な如己堂《にょこどう》と名付けた家に住み、病床で筆を執り、「長崎の鐘」その他を書かれたのだった。

吹き込みの日、コロムビアに行くと、ディレクターの根村唯由さんが、

「藤山さんが風邪で高熱があって歌えないが何とかして来るそうです。急ぎのレコードですから、ともかく録音しましょう」

というので、間もなく藤山さんが熱っぽい顔で来たが、無理を承知で吹き込み録音した。

しかし、藤山さんは、高熱にもかかわらず格調高く、しっかり歌い、すぐ臨時発売の準備ができた。風邪が治ったら吹き込み直しという約束だったが、その必要もなかった。やはり藤山さんも熱情があったからだと思う。

この曲を放送で聞いた永井博士は、さっそく私に、筆で書いた流麗な手紙をくださった。

唯今《ただいま》、藤山さんの歌う、長崎の鐘の放送を聞きました。私たち浦上原子野《うらかみげんしや》の住人の心にぴったりした曲であり、ほんとうになぐさめ、はげまし明るい希望を与えていただけました。作曲については、さぞご苦心がありましたでしょう。この曲によって全国の戦災荒野に生きよう伸びようと頑張っている同胞が、新しい元気をもって立ち上がりますよう祈ります。

長崎　永井　隆

一九四九年四月二十五日

その後も、しばしば手紙を頂戴した。

終戦記念日には、マリア像を描き、短歌を添えた奉書の墨絵を送ってくれた。

原子野に　立ち残りたる　悲しみの聖母の像に　苔つきにけり
新しき朝の光の　さしそむるあれ野にひびけ　長崎の鐘

さらに、これ等に添えて、博士自ら病床の中で編んで作った木綿糸のロザリオが送られてきた。博士は敬虔《けいけん》なカソリック信者で洗礼名はパウロ。その名を常時、使用していた。

　私はお礼に心ばかりの物を贈り、長崎に行ったら伺います、と約束したのに、ついに、生前にお会いできなかった。

　昭和二十七年六月。熊本中央放送局開局二十五周年記念式典に招待された私たち夫婦は、その帰途、長崎に立ち寄り、既に記念館として保存されていた永井博士の如己堂を訪れた。

　ご令息の誠一《まこと》さん、妹の茅乃《かやの》さんにも会った。如己堂は博士の生前、執筆なさった時のままに、家具や文房具も配置してあり、仰臥《ぎょうが》しながら原稿が書けるように工夫した台など心をひかれた。妻はお子様たちに二本の万年筆を「お父様に負けぬ立派な人になるように」と励まして贈った。

　この歌によって、また同名の題名で、松竹映画が作られ、音楽は私が担当した。その中に大庭秀雄《おおばひでお》監督の希望で、グレゴリアン・チャントを数か所用いた。昭和十年頃、私は四線譜のグレゴリアン・チャントの美しい旋律に魅せられ勉強していたのが、思いがけず活かされ、効果を上げたのはうれしかった。何でもよく勉強しておくべきものと痛感した。

ラジオ漫画「西遊記」

脚色　徳川夢声

ラジオで漫画を再現、すなわち聴覚で漫画的なものを……とのアイディアを生んだ新しいジャンルの試みが企画された。出演は徳川夢声さんと七尾伶子《ななおれいこ》さんの二人が男女すべてをやり、音楽は「鐘の鳴る丘」ですっかり慣れたハモンド・オルガンを使って私が担当と決まった。

まず最初に取り上げた漫画は「サザエさん」でその第一回放送が昭和二十五年四月二日で、週一回放送した。狭い内幸町のＮＨＫ会館一階の第六スタジオ。このスタジオは「鐘の鳴る丘」で使用中のスタジオ。この中に観客を五十名ほど入れ、夢声さんと七尾さんがオルガンのそばで動き回りながらせりふを言う大変な仕事であった。客は漫画を見るのと違い、さっぱり面白くもおかしくもなく、時たま笑うだけという有様で、全然効果が上がらなかった。そこで、何か別の題材を選ぶことにし、思いついたのが「西遊記」であった。次から次に現れる妖怪変化を退治して西へ西へと進む物語は、大人は一度は必ず読んだことがあって懐かしく、その面白さについ引き込まれ、第一回を放送するや反響は大変だった。

音楽は私のハモンド・オルガンと打楽器奏者一名。他は音響効果係が数人。歌舞伎ふうなツケがあり、和太鼓があるかとおもうと現実音や合成音と多種多様。音楽は主として明清楽《みんしんがく》によったが、化物退治の乱闘には「太湖船」、美女には「茉莉花《まつりか》」と大体テーマを決めて、他はほとんど即興演奏だった。

回を重ね聴取者の好評を受けスタッフ一同は益々張り切った。三十分の放送の前に軽い本読みを済まし、その後本番までは夢声さんと雑談。その話術に一同つい誘い込まれていった。実に和気あいあいで楽しい一刻《ひととき》を過ごして、さて本番。いきなりぶっつけ本番だが、一同の和やかさは、そのまま電波にのり、聞く人にもその楽しさが伝わった。毎週が実に愉快な面白い放送だった。

その頃の週刊朝日で夢声さんがやっていた連載対談「問答有用」の第八十二回、野村《のむら》胡堂《こどう》氏との対談の中で、こんなことを言っている。

胡堂　……徳川さんの「西遊記」も、ずいぶん長く続いてますがね、あれはいつまでおやりになるんです？

夢声　足かけ三年やってますけどね、だいたい今年いっぱいですみそうです。

胡堂　そりゃさびしいですね。

夢声　「続西遊記」というのがあるけども、これはよほど作が落ちます。悟空のせがれや八戒のせがれなぞが、もういっぺん天竺《てんじく》へお経をとりにいくというんです。
胡堂　悟空の生いたちからやれば、もう一年はつづきますよ。
夢声　天界であばれるところなんか、おもしろいですね。あすこは、ごくはしょってやっちゃったんですがね。
胡堂「西遊記」では、ハモンド・オルガンに感心しますね。どっちかというと、ハモンド・オルガンという楽器そのものはわたしァきらいなんですけれども。
夢声　古関（裕而）君は、ハモンドでひとつの雰囲気を出すのは名人ですね。
胡堂　ハモンド・オルガンが、あれほど役に立った例を知らないな。
夢声　谷底を霧がはう場面というと、霧がはうような音を出すんです。（笑）エフェクト（効果）の人たちも一生懸命でしてね、「音もなく門がしまる音を出してほしい」っていったら、ちゃんと出してくれましたよ、音もなくしまる音を。（笑）

夢声さんの音楽指定にはずい分ふるったのがあった。前の「音もなく門がしまる音」は効果の指定だが、音楽で「右へ曲がってゆく音楽」とか「うまそうなにおいの音楽」「くすぐったい音楽」等困らされたものだった。毎回の終わりは「三蔵法師主従は西へ西へと……」というせりふで、マリンバのリズムに乗ってコール・アングレの音色のハモンドで中近東風な曲を弾いて終わった。

最終回は二十八年六月。満三か年の連続であった。三蔵法師は無事、天竺の大雷音寺に到着して数百巻の大蔵経をいただいて大団円。この放送はあまりの評判で胡堂氏との対談にもあるように続篇を企画したが、柳の下には何とやらで、それはやめにした。「西遊記」の効果担当はＮＨＫの効果陣の中でも最も優秀な吉田貢君と加納米一君の二人を中心としてやった。吉田君と加納君は共に菊田ドラマの効果係でもあり、菊田さんにしごかれて腕を磨いただけあって、夢声さんのどんな無理な音も即座に作り上げた。吉田君は創造的な音を、加納君は現実的な音と歌舞伎的効果の名人であった。吉田君はその後菊田さんが東宝入りをすると同時に東宝の舞台の効果も引き受けた。惜しいことに十五年ほど前に亡くなった。彼ほどの音作りの達人はいなかった。

連続ラジオ・ドラマ「さくらんぼ大将」

作詞　菊田一夫
合唱　音羽ゆりかご会合唱団

春の川ぎし　青葉のかげに
さくらんぼ　かくれんぼ　さくらんぼ
赤いほっぺた　さくらんぼ大将

今日も元気で　口笛ふけば
仰ぐ空には　ちぎれぐも

昭和二十二年七月五日に放送を始めた「鐘の鳴る丘」も、二十五年十二月二十九日に、第七百九十回目で終わった。この四年間に渡る連続放送は、戦後の苦しみを共にする日本人の心の中にも温かい人間性を育み大成功裡《り》に終わった。大変な反響を得て、作品に関連する施設が生まれたりした。

引き続き子供向けの番組として、また菊田さんとのコンビで放送したのが「さくらんぼ大将」である。社会問題抜きの楽しい物語とした。

菊田さんに「どこか田舎の、それも僻地《へきち》に住む少年にまつわる話をやりたい。古関さん、よい所を知らない？」と聞かれた。私がとっさに思い浮かべたのは、戦時中、疎開していた福島市郊外の飯坂温泉から、さらに十二キロくらい山奥の茂庭《もにわ》。渓谷に沿ってぶらぶら歩いたこともある。飯坂を流れる摺上川《すりかみがわ》の上流、福島市の人が昔、田舎っぺということを「あれは茂庭だ」などと呼んだりした。静かな村で、さくらんぼの産地でもある。

小鳥を売りに来たりするのもこの村の人である。こんな所ではどうだろうか、と話すと菊田さんも乗り気になった。

昭和二十五年十二月早々、プロデューサーの中川さん等と一緒に現地取材に出掛けた。

案内は疎開で知り合った飯坂町の医師で、茂庭にも診療所を開いていた村島日出夫先生。

まず、現地の小学校に行き校長に会い、子供等に菊田さんは、生活や娯楽など、いろいろ尋ねた。

「この土地で取れるうまいものは何？」

小学校五、六年の子が答えた。

「んだナ。リスなんかうめえ。あぶらこくてうめえんだァ」

思いがけない話に思わず私たちは笑ってしまった。

小学校の本校は梨平《なしだいら》という所にあって、村の入口の名号《なごう》地区に分校があった。茂庭は、平家《へいけ》落人《おちうど》のかくれ里とも、忍者の郷《さと》とも言われていて全く秘境の感があったので、菊田さんは大変喜んで、既に胸中には、ある程度構想が組み立てられつつあったようだ。

帰京して間もなく題名も「さくらんぼ大将」、放送は二十六年一月四日が第一回と決まった。

主題歌ができ、台本も仕上がった。菊田さんは、「方言が分からないから古関さん直して。誰にも分かるくらいにしてね」と言うので、台本の会話は、全部福島の方言に直した。

主役は「さくらんぼ大将」と呼ばれる少年六郎太。そして茂庭でくすぶっている大野木蛮洋先生。東京から飯坂温泉に来て病気療養中のかすみ夫人。六郎太のガールフレンド、爆弾あられのお玉ちゃん。六郎太の叔母等が常連の出演。

茂庭から飯坂へ、そして、やがて全国を薬を売りながら蛮洋先生と六郎太の引き起こす事件の連続。主題歌と共に、蛮洋先生の「ハッハッハノ　ハノハー」の「ハノハノくすり」の歌は毎日ラジオから流れた。

六郎太は中井啓輔君、大野木蛮洋先生は古川ロッパさん、かすみ夫人は夏川静枝《なつかわしずえ》さん、お玉ちゃんは高橋和枝さん、叔母が七尾伶子さん。ロッパさんは得意の声帯模写で、また七尾さんは、父上が秋田出身なので東北弁は得意で、私の直す方言はすぐできたが、中井君と高橋君は、どうも巧く言えず苦労した。

放送が「鐘の鳴る丘」と同じく週五日間、毎日、午後五時四十五分から十五分間の番組で、日がたつにつれて物語も発展し、かなりの人気となった。

半年後、地元の飯坂温泉から、スタッフと出演者一同に、現地視察の招待状が来た。一同、大喜びで、六月十日に福島に行った。全員数十名に及ぶ「さくらんぼ大将」一行は夜行の東北線に揺られ、十日朝、福島駅に到着した。駅前は身動きもできないほどの歓迎の人波に一同うれしい悲鳴を上げながらバスに乗って飯坂温泉を経て、まっすぐ茂庭村の名号分教場へ。物語のふるさとである。

分教場には大勢の村の人々。学校の先生、生徒が待ち受けていた。学校ではさっそくドラマの一節を実演した。生徒をはじめ一同、みなうれしくてたまらないというような顔で見てくれた。そして学校の前で記念撮影。

ＰＴＡと生徒が採集してきた野趣あふれる山菜料理の昼食に一同、舌鼓を打った。中井君は、すぐ、そばのさくらんぼの樹に登って、紅《あか》く実ったさくらんぼをもぎ取って口いっぱいに頬張り、うれしそうだった。

その夜は、一同、飯坂温泉の「花水館」に一泊し、帰京したが、物語の土地を実地に見たのでその後の放送は一段と迫力が増した。

放送は、二十七年三月三十一日に終わった。その後、市に合併されても茂庭は静かな山間《やまあい》である。少し奥に入ると、山形、宮城県の県境である。

最近、ダム建設の話もあるという。

あの自然の中の素朴な姿は、いつまでも残しておきたいと、私は願っている。

全国高等学校野球選手権大会の歌「栄冠は君に輝く」

作詞　加賀大介
歌　伊藤久男

一
雲はわき　光あふれて
天高く　純白の球　今日ぞとぶ
若人《わこうど》よ　いざ　まなじりは
歓呼にこたえ
いさぎよし　ほほえむ希望
ああ　栄冠は　君に輝く

二
風をうち　大地をけりて
くゆるなき　白熱の力ぞ技ぞ
若人よ　いざ　一球に
一打をかけて
青春の讃歌をつづれ

ああ　栄冠は　君に輝く

昭和二十三年四月、学制改革により新制高等学校並びに新制大学が発足した。昭和以来続いてきた我が国の教育体制は、大きな変革を迎えたわけである。

さて、夏のスポーツの祭典、それまでの全国中等学校野球大会も、変革に伴い、名称も全国高等学校野球選手権大会と改められ、従来通り甲子園球場で挙行されることになった。

主催者の朝日新聞社では、さっそく改称新大会の歌を企画し、歌詞は全国から募集した。作曲は私に依嘱された。全国中等学校野球大会にも山田耕筰先生作曲の歌があったが、今度は若手の作曲家に頼もうということで、七月頃、朝日新聞学芸部の野呂信次郎氏からこの件の依頼を受けた。

野呂氏には、先年、インパール従軍の時に何かと世話になっていた。

さっそく地元の大阪朝日新聞社と打ち合わせたり実地見学のために大阪へ行ったが、当時汽車は急行とは名のみで、八、九時間かかった。

まだ、戦後の復興もままならなかった大阪を終戦後初めて訪れ、戦災の跡も所々に生々しく残る市街地を見ながら、中之島の大阪朝日へ行った。打ち合わせ後、ちょうど藤井寺球場で予選が行われている最中だったので、それを見て、更に甲子園グラウンドに行った。

無人のグラウンドのマウンドに立って周囲を見回しながら、ここにくり広げられる熱戦を想像しているうちに、私の脳裏に、大会の歌のメロディーが湧き、自然に形作られてきた。やはり球場に立ってよかった。

この年の八月、第三十回の大会開会式から私の作曲した歌は合唱され、現在まで、毎回開会式に歌われている。

以来、三十年近く、幾千幾万の健児がこの歌によって戦い、悲喜交々《ひきこもごも》の青春時代を味わっておられるであろうか。テレビなどでこの歌を聞くたびに、私もまた今でも胸がときめく。


昭和三十三、四年の七月下旬、私は梅田のコマ劇場の芝居の音楽作曲のため、大阪の新大阪ホテルに滞在していた。その間、毎朝八時頃から近くのスピーカーから歌声が流れていた。夜遅く眠りにつくので朝は眠くて仕方がなく、何だろう、うるさいなと思っていたが、ある朝、よく聞いてみると、声は伊藤久男君らしく、なお、耳を澄ますと歌詞の終わりの、「ああ、栄冠は君に輝く」と風に乗ったのかメロディーと共にはっきり聞こえた。「あっ、自分の曲だ」と分かってよく見ると、ホテルの隣の朝日新聞社屋上のスピーカーから流れ出ている。高校野球の歌だった。捕えてみれば我が子なりといったところで、おかしくなり、朝日新聞にちょっと電話をしてみたら記者がホテルに飛んで来た。

あらためていきさつを話して、「高校野球の歌なら、どうぞ毎日おかけください」と笑い話になった。

創作オペラ「朱金昭《チユウチンチヨウ》」「トウランドット」「チガニの星」

この三篇のオペラは、放送のために全く新しく創作したものである。かねて、オペラを作曲したいと思っていた私だったが、その頃東郷静男氏の良い台本を得て、演出は放送局演芸部の近江浩一氏。出演は、藤山一郎君、山口淑子《やまぐちよしこ》氏（現参議院議員）に妻の古関金子（現在は詩人であり画家とも言える）が中心で、栗本正《くりもとただし》君にも歌っていただき、その他に放送合唱が加わった。

昭和二十四年と二十五年に渡り、それぞれ三十分間に渡る放送を二、三回連続した大作であった。

作者の東郷静男氏は、宝塚歌劇の制作、演出を多く手がけたベテランで、またパリでレビューの研究留学もした方で、宝塚をやめてから後東京放送に入り、東宝演劇部では舞台の演出をやっていた。後年、菊田一夫さんの演出したミュージカル「マイ・

ア・レディ」の最初の上演では基礎の演出を彼がやった。夫人は往年の宝塚スターであり、今もテレビ映画に出演しておられる小夜福子さんである。

「朱金昭」は、フレデリック・ノートン作曲のミュージカルで、「トウランドット」はプッチーニのグランド・オペラで知られている物語だが、東郷さんも私も、既成作品に負けないものを作ろうとの意気込みで、オーケストラも数十名くらいの大編成であった。

藤山一郎君は、流行歌手とされているが、もともとオペラも歌える上野出の歌手。

山口淑子さんは、やはり李香蘭《りこうらん》としても流行歌手だったが、その頃はベルトラメリ能子氏に師事し本格的な声楽勉強をして、高音部も広がり、リリコ・ソプラノとしてオペラも歌えるようになっていて彼女としてはその力量をこのオペラで最も表現していたようだった。

妻の金子は、師事していたベルトラメリ能子氏が鎌倉に移住されてから、その師である芸大教授のノタル・ジャコモ女史に師事して、声量や幅広い音域を要求されるドラマティック・ソプラノとして勉強中であり、神宮寺雄三郎氏（テナー）と、「カバレリア・ルスチカナ」を演じたりしていた。関屋敏子、藤原義江《ふじわらよしえ》氏等の世界的興行のマネージャー塚本嘉次郎氏は妻の歌を聞き、「古関君、君は奥さんのためによいオペラを作曲すべきだ」などと言い、いつも私は叱られていた。ＮＨＫで金子が発声のため第一声を放った時、オーケストラ団員からホーッというような歓声が上がった。私はうれしかった。「ＮＨＫの第一スタジオで、あれだけの声の人は初めてだったよ。やはり僕の奥さんだねえ」と帰りの車中で誉めてやった。

私の多忙や子供のために、次第に勉強の自由を失っている妻にとって結果的にはこれらのオペラが最後のような形になってしまった。その意味でも忘れがたいオペラである。「朱金昭」には、料理長の歌う素晴らしいコントラ・バスの超低音がある。その頃私はロンドン映画「アリババ」をみた時に迫力のあるバスの歌い手に感動したが、日本にはこれに比肩する歌手はいない。どうにかして、あの低音をと一案を講じ、バスの栗本正君に無伴奏で、低回転を予想したテンポや音程で歌ってもらい、それをオーケストラで五度くらい低い音程で伴奏をつけた。こういう難しい工作を試みて効果を上げた。「トウランドット」も全部新作で、自分でいうのもおかしいが、スケールの大きい、出演者の力量を十分に生かしたドラマティックな曲だった。

「チガニの星」は東郷さんの全くオリジナルで、ハンガリーのジプシー物語。ヴァイオリンソロと、チェンバロをふんだんに使った意欲的な作曲を試みた。

これらの放送オペラは録音され、アメリカにも送られた。戦後間もなくでもあり、時代的には早すぎる企画だったかも知れない。あの時のテープはどうなったかと、今も惜しくてならない。

「イヨマンテの夜」

作詞　菊田一夫
歌　伊藤久男

一　熊祭《イヨマンテ》り　燃えろ　かがり火
ああ　満月よ
今宵　熊祭り　踊ろう　メノコよ
タム　タム　太鼓が鳴る
熱き唇　我によせてよ
ああ　イヨマンテ

二　熊祭り　燃えろ　ひと夜を
ああ　我が胸に
今宵　熊祭り　可愛い　メノコよ
部落《コタン》の　おきて　やぶり

熱き吐息を　我に与えよ
ああ　イヨマンテ

この異色な詞、そして伊藤久男君の熱唱で全国的に流行したこの歌の原形が、「鐘の鳴る丘」から生まれたものだと言うと奇異に思う人もおられると思う。

「鐘の鳴る丘」の放送も進んで物語が発展し、主人公の修平が信州穂高《ほたか》の少年の家の分院を東京の奥多摩に作った頃の話（放送では昭和二十四年頃）。奥多摩の山奥で木材を切っている杣人《そまびと》が歌を歌いながら少年の家のそばを通るという設定で、その杣人が歌詞のない歌を口ずさむ場面がある。そこで私は奥多摩の深山を思い浮かべながら作曲した。

さて放送で誰に歌ってもらうかということになり、「アア……だけで歌うのであるから誰でもよいが、やはり杣人らしく豪快で、その中にペーソスを含んだ歌手がよいと思うから、伊藤久男君は如何《いかが》だろうか」と言うと菊田さんも賛成してくれ、伊藤君に放送当日スタジオに来て歌ってもらった。無伴奏なので歌いにくかったようだが、よく杣人のムードが出て菊田さんも喜んだ。劇では杣人の出る場面が五日くらいあったかと思うが、間もなく出なくなり歌も終わってしまった。私はこのメロディーが好きで、わずかの放送で消えるのは惜しくなり、菊田さんにこの旋律に合った歌詞を作ってくれないかと言うと彼も同じようなことを考えていたというので、さっそく題材を何にしようかと話し合った。

私はこの「鐘の鳴る丘」の放送に前後して単一のラジオ・ドラマでやはり菊田さん作の「黒百合夫人」などアイヌ関係のものを作曲していたので、「アイヌの歌は？　今まで歌謡曲でアイヌに取材した歌は一曲もないから面白いと思うが」と言うと彼も「それはいいね」と賛成してくれ、珍しく早々と歌詞を作ってくれた。放送時とは多少旋律を直したところもあるが、ほとんどそのままである。さてレコード化すべくコロムビアのディレクター松岡醇三《まつおかじゅんぞう》君に話すと、「アイヌの歌はいいですね」と賛成。在来の前奏があって歌が始まるというパターンを破ってオペラのアリア風に冒頭アア……で始まるレシタティヴをつけた。「熊祭り」であるから当然にぎやかな合唱が必要で、これも日本語の言葉をやめてアイヌ語にしようということになり、ＮＨＫの当時の資料室長小川《おがわ》昂《たかし》さんに頼んで、アイヌ語の中から熊祭り等の儀式に使う神に祈る言葉をさがしてもらい、「カムイ・ホプニナ・ア・ホイ・ヨー」というのを選んだ。冒頭の「アア……」の部分もこの合唱からヒントを得て「ア・ホイ・ヤー」とした。

録音も完了して、いよいよレコードが発売された。当時の文芸部長伊藤正憲さん（現クラウン社長）は「こんな難しい歌は売れっこありませんよ」と見捨てて、ポスター一枚作ってくれなかった。しかし、伊藤久男君はチャンスのあるごとに放送にステージにこの歌を歌い、聞く人に大きな感銘を与えた。その結果というか効果が現れたのはＮＨ

Kの素人のど自慢である。

出演者の中でボッボツこの歌を歌う人が出て来て、やがて毎回放送のたびに必ず誰かが歌うようになり、昭和二十五、六年頃の「のど自慢日本一全国大会」の歌謡曲の部に出た男性歌手のほとんど全員が〝ア・ホイ・ヤー〟とのどを競うようになった。派手で劇的な効果に男性的な豪快さがあり、男性なら一度は歌ってみたくなる曲である。が、難しいことも第一級で、リズムが十六分音符と八分音符の二拍子系なのに、メロディーには三連音符が多く現れる二対三の変則的なリズムをいかに歌いこなすかが問題で、作曲にその面白みをねらってである。それでも素人の喜びそうなメロディーである。

伊藤君の持ち歌となり、レコードは徐々に売れ、ヒット盤になった。しかし、コロムビアはついにポスターも作らず新聞広告もしなかった。わずかに東京支店で、白地に赤の印刷で「のど自慢最多歌唱曲・イヨマンテの夜」という意味の小さな号外のようなものを一種類出したきり。若者たちの音感教育も進み、いい曲は理解する力があるのだ。良い作曲者を育てるのも大衆の力だと痛感した。レコード会社にもそういう意識のある人材こそ望ましいと思う。

昭和二十九年、このレコードのB面に、「サロマ湖の歌」を収録した。ロマンティックな詞をうまく生かした大変美しい曲である。これには面白いエピソードつきだがその話は後で述べることにしてここでは省くことにする。

昭和二十六、七年の作曲より

昭和二十六、七年に発表した私の作曲の歌謡曲は約四十曲ほど記録されているが、その中でヒット曲や、印象に残った歌に、「長崎の雨」「恋を呼ぶ歌」「憧れの郵便馬車」「ニコライの鐘」がある。

「長崎の雨」

作詞　丘灯至夫
歌　藤山一郎

一　今宵港に　きく雨は
沖のかもめの　しのび泣き
ジャガタラ文なら　片便り
恋の長崎　夜もすがら
ああ　夜もすがら　雨が降る
（以下略）

この藤山さんの歌唱法は見事で、雨の降る長崎の、しんみりしたムードがよく現れている。今でも愛唱しているようだ。詞を書いた丘灯至夫さんは、前にも書いたように福島県郡山出身で、私と同じように、長崎とは何の縁《ゆかり》もないが、やはり、長崎の魅力にひかれていたと思う。この歌は、コロムビアからレギュラーで発売され、よくヒットした。

昭和五十年七月に、長崎新聞社が「長崎の歌謡史」という本を出版した。社の学芸部が中心となって長崎に関するすべての歌謡曲を集大成したものであるが、実によく集め、また解説も詳しい。

巻末に、作詞家、作曲家別に、長崎の歌の創作数を掲載してあるが、作詞家では、第一位が、石本美由起さんの二十九曲。第二位は九州出身で、今は亡き西岡水朗《にしおかすいろう》氏。彼は、昭和十年頃、新婚の我が家によく遊びに来た。

第三位は吉川静夫氏の十二曲で以下に西条八十、佐伯孝夫、藤浦洸各氏が続く。

さて、作曲家はおもいがけず、第一位が、私古関で二十一曲。この本を見るまで自分ではそんなに多く書いたなどと全然気付かなかった。しかし、新聞社が調べたのだから間違いないだろう。

第二位は吉田正《よしだただし》さんの十三曲。第三位は細川潤一さんと上原げんとさん。以下、古賀政男、江口夜詩《えぐちよし》、大村能章《おおむらのうしょう》の各氏が続く。

「恋を呼ぶ歌」

作詞　菊田一夫
歌　伊藤久男

一　ああ　あの人の名は　ミモザの娘
緑なす　六甲の　山肌に
君の名を呼べば　山彦が
　おお　エリナよ　エリナよ　エリナ
むせび泣く声が　恥ずかしや
（以下略）

これは、菊田一夫さんが、共同通信社からの依頼で書いた新聞連載小説「ミモザ娘」がラジオ・ドラマ化されたとき主題歌として作曲した。ロマンティックな、流行歌としてはメロディーが少しドラマティックで、歌唱に技巧を要する歌である。伊藤君は、この歌をソフトに、実に美しく歌い上げて、よくステージで歌い、今でも彼の愛唱曲になっている。

レコードは、二十六年五月十日発売。歌詞のカードには注として、「エリナのところに、あなたの恋人の名を入れてお歌いください」と、菊田さんが書いている。A面の「ミモザの娘」を、二葉あき子さんが歌い、B面が、この「恋を呼ぶ歌」であったが、B面の方がヒットしてしまった。

「憧れの郵便馬車」

作詞　丘灯至夫
歌　岡本敦郎

一
南の丘を　はるばると
郵便馬車が　やってくる
うれしい便りを　乗せて
ひずめの　ひびきもかるく
耳をすまして　ごらんなさい
ホラホラホラホラ　やってくる
郵便馬車は　夢の馬車

（以下略）

二十六年十二月十日発売のこのレコードは、丘君とコンビで作った乗物シリーズの第一作で、この後、ケーブルカー、ヨット、高原列車と続き、ソ連が最初に人工衛星を打ち上げた時は、丘君は、すかさず「人工衛星空を飛ぶ」を作った。

ある日、丘君と会った時、「よく乗物シリーズを作ったねェ。まだ作らないのは、乳母車（ベビーカー）と霊柩車《れいきゅうしゃ》だけだね」と二人で笑った。

郵便馬車など日本にはないが、夢の世界、ロマンの世界として作詞したと丘君は言う。岡本君のさわやかな声にマッチして、一般にもよく歌われた。丘君はもともと童謡詩人として出発した人なので、清純で愛らしい詩が多く、彼自身からにじみ出る人柄も、何となく童謡的な雰囲気である。

昭和五十年四月、私は、東京中央郵便局の一日局長に就任させられた。郵便週間の行事の一つである。

中央局任せの手順で、まず業務を視察し、局員に挨拶。行事が終わった後、局員が組織するバンドを指揮し女子局員が歌った。曲目は「長崎の鐘」「憧れの郵便馬車」「会津磐梯山」等、聴衆の局員は喜んで、盛大な拍手を送ってくれた。この後、局長や幹部と会食しながら歓談中に、

「先ほど演奏した郵便馬車は、本当は我が国にはなかったんですか」

と尋ねてみたら、局長が、

「いや、実際にあったんですよ。私が、昭和の初めに中央郵便局に入りました時、地下

室に、馬車と厩舎《きゆうしや》があって、よく馬の世話をさせられました」

と答えた。私は初耳なので驚いた。

「郵便局から郵便を運んだものです」

つまり各戸に配達はしなかったが、局と局との間に用いたものらしい。

いつの時代か、石油でもなくなったら、またこんなことが再現しないとも言えないと思った。


「ニコライの鐘」

作詞　門田《かどた》ゆたか
歌　藤山一郎

青い空さえ　小さな谷間
日暮れは　こぼれる涙の夕陽
姿変れど　変らぬ夢を
今日も歌うか　都の空に
ああ　ニコライの鐘が鳴る
（以下略）

前の「憧れの郵便馬車」と同じ二十六年にコロムビアから発売された。これも藤山君の歌でヒットした。

作詞者の門田ゆたか氏は西条八十先生の門下で、「東京ラプソディー」(古賀政男作曲)がヒットした。やはり父上が福島で在職中に生まれたといって、福島生まれだと言っておられた。人柄も温厚、抒情派の詩人だったが、昭和五十年の六月に六十八歳で他界された。


「鐘づくし」

偶然、私の作曲のタイトルに鐘がつくものが多い。「鐘の鳴る丘」をはじめとして、「長崎の鐘」「フランチェスカの鐘」、大阪の非行少年防止のための「みおつくしの鐘」、それから遠く飛んで、イタリアのヴェネチアから取った「サン・マルコの鐘」。なぜ、こんなに鐘が多いのか、鐘に恨みは数々ござ……らぬが不思議で、調べてみたら、まだあった。

「時計台の鐘が鳴る」「スポーツの鐘が鳴る」「希望の鐘」「青春の鐘」など。

なお、鳴り響け! 鐘の音よ。

連続ラジオ・ドラマ「君の名は」

作　菊田一夫

好評の「さくらんぼ大将」が、昭和二十七年三月三十一日で終了となり、次の菊田ドラマは、大人向けのメロドラマで、放送時間も夜間の毎週木曜午後八時から三十分間のゴールデンアワーと決定。制作スタッフは「鐘の鳴る丘」以来の顔馴染みばかり。ディレクターは最初湯浅辰馬君が担当した。題名はなかなか決定せず大分もめたが、菊田さんが師匠格のサトウハチローさんに相談して「君の名は」と決まったのが三月中頃。

内容の大体の構想は、佐渡《さど》と、東京の数寄屋橋《すきやばし》、それに三重県の鳥羽《とば》の三地点から同時にスタートして、それぞれの土地での話が一つになって物語になるということだった。

とりあえず佐渡へ取材旅行し、四、五月頃、鳥羽に行くことになった。

三月末、まだ上信越国境には雪が降っていた頃、スタッフ一同新潟に行き佐渡に渡った。佐渡では両津《りょうつ》を出発点として特別バスで全島を回った。特に北部の尖閣湾《せんかくわん》の日本海の荒波が砕け散る豪快な風光に、菊田さんは大分心が動いたようだった。

つり橋を渡って岩の先端まで行ったが、「このつり橋なかなかいいね。この上でラブシーンをさせようかな」などと菊田さんは言った。が、物語の前半のクライマックスは、この尖閣湾での春樹と真知子の再会のシーンであった。今そのつり橋も鉄橋になり、平凡な観光地になってしまった。

　放送の初期は生放送であった。中心人物は後宮《あとみや》春樹（北沢彪《きたざわひよう》）、氏家《うじいえ》真知子（阿里道《ありみち》子《こ》）、春樹の姉（夏川静枝）、その恋人（巌金四郎）、加瀬田修造（古川ロッパ）、真知子の友人、綾《あや》（七尾伶子）、これらの配役で始まった。

　第一回の放送は二十七年四月十日。伴奏の編成は、木管、絃、ハープ、打楽器に、私が「鐘が鳴る丘」以来演奏しているハモンド・オルガンを加え、一層なめらかな美しさを添えた。

　放送が始まった五、六回目のことだった。テストを終わり、いよいよ本番の五分前に念のため、オルガンのスイッチを入れ、音色を確かめようとしたら、先ほどまで鳴っていた音が、ウンともスンとも出てこない。私は青くなり、幾度もスイッチを順序も間違いなく入れ直したが駄目。ミキサーの太田君等が見てくれたが複雑な機構なので全然分からない。

　私は急いで最初に入るオルガンのメロディーを絃に書き直し、八時に始まる放送に間に合わせたが、責任上身の縮まる思いをした。

　オルガンといえば、その当時私はハモンド・オルガンの音をいつも少し下げて調律していた。当時は電力が不規則な周波数で送られてくるため、その周波数に合わせて、音を組み立てていかなければならない。「君の名は」の放送の後にこのハモンドを使う人が、「先生はいつも音を半音下げて調律しているが、それを調整しながら弾いているのだろうか」と、スタジオの担当者に聞いたそうである。何気なくやっていたことだが、それも懐かしい思い出である。

主題歌は歌謡曲歌手でなく、クラシックの声楽家に歌わせたい希望を菊田さんも私も持っていたので、妻の友人の高柳二葉《たかやなぎふたば》さんを選んだ。高柳さんは藤原歌劇団に所属し、東洋音楽学校の教授をしていた。

妻は昭和二十一年に長男を出産し、私の仕事も多忙を極め、助手たちの出入りも多いため、声楽の勉強に専念できなくなっていた。

しかし声楽に対しての鋭い感覚は、私のために非常に役立った。高柳さんを推薦したのも妻であり、ベルカントの美声はドラマに品位を添えた。

主題歌「君の名は」

歌詞　菊田一夫

歌　高柳二葉

一　君の名は…と　尋ねし人あり

その人の　名も知らず
今日砂山に　ただひとり来て
浜昼顔に　きいてみる

二　夜霧の街　思い出の橋よ
過ぎた日の　あの夜が
ただ　なんとなく胸にしみじみ
東京恋しや　忘れられぬ

三　海の涯《はて》に　満月が出たよ
浜木綿《はまゆう》の　花の香《か》に
海女《あま》は真珠の涙ほろほろ
夜の汽笛が　かなしいか

この歌詞は、一番が佐渡、二番が東京、三番が志摩になっていて、毎回そのシーンによって歌詞を選んで歌ってもらったが、二年目頃からは一番目だけを歌うようにした。本当に美しい曲を生かす声だった。放送には、この他に数えきれないほどの歌を作ったが、その都度、高柳さんに歌ってもらった。

五月末頃、第二次の取材旅行は、伊勢志摩国立公園方面に出かけた。スタッフの他に、古川ロッパ、巌金四郎、夏川静枝さん等も参加、波も静かな白砂の美しいリアス式海岸など各地を歩いた。巌さんと夏川さんはストーリーの中で、志摩の生まれとなっているので実地見学。古川ロッパ氏は地元の希望で加わった。海女の生態や美しい海岸線を、菊田さんや私は八ミリムービーに撮り、効果の吉田さんは海女の磯笛《いそぶえ》（呼吸音）をはじめ、サラサラ鳴る砂の音まで録音し、すべての人々にとって大収穫だった。


半年も過ぎた頃このドラマは大変な人気となり、春樹、真知子のすれ違いに聴取者の同情が集まったりで菊田さんの筆も益々冴《さ》えてきた。

放送開始から約一年くらいたった北海道篇のあたりから、有名な句、

――忘却とは、忘れ去ることなり。忘れ得ずして忘却を誓う心の悲しさよ――

が、放送劇団の鎌田弥恵《かまたみつえ》さんによって朗読され、最終回まで続いた。

アイヌ娘ユミ（加藤幸子）の出現で物語も新しい展開を見せたり、真知子の夫、浜口勝則と、母の嫁いびりが加わり、女性心理の機微を余すところなくとらえたこのドラマは、ラジオはじまって以来の大ヒットとなった。

映画化の権利獲得の激しい争奪戦もあったが、結局松竹映画に決定。私が音楽を担当

することになった。監督は「長崎の鐘」も扱った大庭秀雄氏。テーマのレコードでは、伊藤久男、岡本敦郎、佐田啓二《さだけいじ》、淡島千景《あわしまちかげ》、岸恵子、織井茂子等が歌った。

映画の主役は春樹に佐田啓二、真知子に岸恵子、綾が淡島千景、加瀬田修造が笠智衆《りゅうちしゅう》、アイヌ娘ユミに北原三枝等。主題歌は岸、佐田、淡島が歌っている。佐田啓二君は後で交通事故で亡くなり、このレコードが唯一の彼の歌声となり、岸、淡島のお二人もこれから歌を歌うことはないであろうから珍しいレコードになるわけである。

松竹ではラジオの宣伝力に加えて独特の宣伝を考えて、「毎週木曜日夜八時になると街の銭湯の女湯がガラあきになる」などと言いふらした。事実女湯は、少しはその時間には少なくなったかもしれないが、実にうまい宣伝だった。またある時は三越本店の店内アナウンスに「氏家真知子様、後宮春樹様が屋上でお待ちでいらっしゃいます」と言わせたりした。これを聞いた女客は嘘《うそ》と知りつつも屋上に殺到したとか。アナウンス係は客の希望であればアナウンスせざるを得なかったらしい。

映画の第一部は、放送開始から一年後の二十八年九月に封切り、同年十二月には第二部を、そして放送終了直後第三部を封切った。各部とも大当たりで、その時の収益金で現在の地に松竹本社ビルが建ったなどと噂された。この後全編をダイジェストした総集編が作られ、二、三年後ワイド（シネマスコープ）が流行すると、シネスコに拡大したワイド版まで作られた。しかし、もともと白黒だったのでカラーはついに現れなかった。もう少しカラー化が早ければ当然色彩映画となり、志摩や摩周湖、美幌峠《びほろとうげ》、雲仙《うんぜん》、島原の美観もそのまま伝えられ、より一段と映画化の効果があったと思う。

後に菊田さんが東宝の重役になった折、東宝で色彩、シネスコで製作するかも知れないという話を聞いたが、その後何の話もなく立ち消えになったらしい。

「君の名は」はその後民間放送が始まると、ニッポン放送で放送された。NHKのものよりかなり脚色が加えられた。また民放のテレビにも登場し、最初フジテレビに、後には日本テレビでも放送された。大きく改められたが、菊田さん自身の改作でないため改悪のきらいがあったようで、NHK時代のような爆発的な人気は呼べなかった。これら民放の音楽も全部私が担当した。

この放送で全国にかなりの名所ができた。佐渡の尖閣湾に記念碑をはじめ、雲仙温泉で真知子（岸恵子）がさわった岩が真知子岩となって、しめ縄がはられ、新婚さんたちのお詣《まい》りを受け、またそこでは真知子漬というしいたけの漬物までできている。北海道の摩周湖と美幌峠には記念碑が建っている由。お膝元銀座の数寄屋橋、今は掘割は埋められ高速道路ができてもう久しい。そばの数寄屋橋ショッピングセンターわきの小公園に橋の欄干の一部を移し、菊田さんの筆で「数寄屋橋此処《ここ》にありき」と刻まれてある。以前橋がまだあった頃、遊覧バスのガイドが春樹と真知子のロマンスを細かに説明したそうだが、現在のバスガイド嬢は説明しているであろうか。ガイドのお嬢さんが生まれた頃のラジオ・ドラマである。もうそんなに年月がたってしまった。

放送当時生まれた赤ちゃんに、春樹とか真知子などと命名した親が多くあったと聞いている。放送終了が二十九年四月八日、満二か年の放送であった。その頃赤ちゃんであった人も今は適齢期。本当の春樹さんと真知子さんが結婚するかもしれない。すれ違いにならないようにご多幸を祈る次第である。

東映「ひめゆりの塔」

主題歌「ひめゆりの塔」

作詞　西条八十
歌　伊藤久男

首途《かどで》の朝は　愛らしき
笑顔に　母を振りかえり
ふりしハンケチ　今いずこ
ああ　沖縄の　夜あらしに
悲しく散りし　ひめゆりの花

（以下略）

東映が、昭和二十八年一月十六日に封切した「ひめゆりの塔」の主題歌として作曲した。

映画監督は今井正《いまいただし》氏。音楽監督は私が担当した。出演者は、津島恵子、香川京子他、新劇の人々。二十七年の秋から、翌年一月までの寒い季節に、六月の雨季の沖縄のシーンを撮影するので監督も俳優も大変苦労した。

外気が零度に近い時、沖縄の蒸し暑い夜を演出したり、雨でずぶ濡《ぬ》れのシーンを撮るのだから、俳優は、演技力だけでなく体も強くなくては続かない。

一月に音楽録音を始め、オープンやセット撮影も並行するという強行軍で、今井監督は撮影現場や録音のリハーサル、ステージに立ち会ったりで忙しかった。この録音の終了が一月七日の午後であった。私は正月は毎年、鎌倉八幡宮《かまくらはちまんぐう》に参詣し、破魔矢をいただくのが恒例となっていたので、その日は松の内も最後の日というわけで、帰宅するとすぐハイヤーで妻と二人出かけた。夕闇の迫る境内の趣はまた例年と異なっていた。帰りは夜となり、その道もまだ田舎道だったから、うす気味悪く、印象に残っている。

この「ひめゆりの塔」は、封切されると同時に大入満員の盛況で、傾きかけた東映が一気に活気付き立ち直ったという。

沖縄は、日本本土の最前線であり、まるで防波堤のように、空、陸、海から攻撃され、その戦禍をまともに受けた悲惨さは、全国民が知らなければならないことで、同情の念が集中した結果とも思うが、映画は非常によくできていた。

ちょうど、これを書いている今、藤山一郎君から電話があり、「あの『ひめゆりの塔』の歌を……」と言い出された時は、あまりにも不思議でスーッと肌に一種の寒気を感じた。

「これから沖縄に行って『ひめゆりの塔』の歌を歌ってきます」ということであった。

作曲はかなり凝って作ったが、暗く重く哀しい歌のせいかヒットはしなかった。

沖縄では今でも歌われている。

ＮＨＫ放送文化賞受賞

ＮＨＫが、放送事業の発展に寄与し、放送文化の新しい開拓や、向上に特に功労があったと認められる部外者に対し贈るのが放送文化賞である。

昭和二十五年三月二十二日の第二十五回放送記念日に第一回文化賞が贈られた。以来毎年、放送記念日に、文化賞贈呈式が行われている。

二十八年第四回が、私たち四名である。

菊田一夫、豊竹山城少掾《とよたけやましろのしょうじょう》、水谷八重子《みずたにやえこ》、古関裕而。菊田一夫氏は劇作家。豊竹山城少掾氏は、文楽の大家。水谷八重子氏は女優。実生活の劇場出演よりも放送出演の協力順で第四回になったと思われる。

三月初めに当時の放送局演芸部長、吉川義雄氏から電話で、内定の知らせを受けた。苦労のかいがあった！　とうれしいやら驚くやら。さっそく、菊田さんに電話をかけ、互いに祝いの言葉を交わしあった。

昭和二十八年三月二十二日、放送記念日の式典に参列。内幸町放送局の第一スタジオの壇上で当時の古垣鉄郎《ふるかきてつろう》会長から賞状と記念品をいただいた時は、感激で涙があふれた。私は一番若くて四十三歳であった。

受賞の後、各氏の挨拶があったが、菊田さんは次のように述べられた。

「放送文化賞というのができまして、毎年その賞を受けられる先輩諸先生を拝見していて『僕も早く欲しいなあ』と思いました。そしてまた、いつになったらもらえるのかなあと思っていました。ところが、よく考えてみますと、僕は長い間ラジオ・ドラマを書いていますが、これという傑作が何もありません。一生懸命にやってきましたが、という名作がございません。今度の文化賞をいただけるようになりましたので、前欲しいなあと思っていたけれども、もらえる時には吃驚《びっくり》しちゃって不安になってきました。人間というものはそういうものかも知れません。でもとってもうれしいです。学問も何もない私が今日の賞を受けたことは、僕はとてもうれしくて泣けそうなのです。

僕は、長い間仕事をしておりますが、もう十五年くらい前から古関裕而さんと一緒にやっております。古関裕而さんは僕のとっても良いコンビで、僕がいろいろな無理をいってもー生懸命音楽をやってくださるので、何か僕の放送劇に特徴があるとすれば、その音楽のためだと思います。その古関さんと今日、表彰されましたので僕はとてもうれしいです。（後略）」（NHK新聞より）

私は、大略、次のような挨拶をした。

「菊田さんの素晴らしい数々の放送劇のおかげで受賞したので感謝している。劇の演出者、オーケストラの皆さん、スタッフの方々のおかげで表彰を受けたのだろうと思うから、これらの人々にも厚くお礼を申し上げる」

この昭和二十八年三月には、次女の紀子が日本女子大学にも、東京女子大学にもパス。結局、東京女子大学の方は数学科目だったので、長女と同じ日本女子大学の家政学科の方に入学した。また長男の正裕も、成城学園小学校に入学が決定したので、我が家は三重の喜びにあふれた。

三越ホーム・ソング――岩瀬社長が生みの親――

昭和二十八年一月、コロムビアの文芸部長、伊藤正憲氏が、

「三越の社長が何か新しい歌を作りたいと言ってきたから、会ってくれないか」

というので、某日、日本橋三越本店社長室に詩人、西条八十氏と共に行った。

温厚篤実な岩瀬英一社長は言った。

「現在、巷に氾濫している歌は、みな不健全なものばかり。なんとか楽しい美しい誰もが一緒に歌える歌を三越が作り、三越の宣伝力で全国に広めたい。今『トンコ節』などという歌が流行しているけれど、実に下劣ないやな歌ですね」

すると、西条八十氏はもじもじして困った顔で、

「いや、実はその……あの『トンコ節』は私が作ったものです」

今度は社長が「しまった！」という顔をしたが、西条先生はすかさず、

「三越さんにも、実用的特売品から最高級の特選品まであるように、私の作品にもさまざまあります。三越ホーム・ソングは、その特選品のつもりで書きましょう」

と、言ったので、社長はじめ居並ぶ重役連もほっとして笑い出してしまった。

三越ホーム・ソングは、レコードはコロムビアが制作、ラジオ放送は東京放送が担当と決まり、第一作は日本人の心の歌、子守歌をテーマに、という社長の希望で「母を想えば」の曲ができた。

その後は岩瀬社長の要望に応えながら、不定期ではあるが歌を作りレコード化した。全体に国民歌謡風な親しみ易いもので、全部で十三曲。後にはLPにもなった。一曲目から題名と歌手を挙げると、

一　「母を想えば」　長門美保《ながとみほ》
二　「春待つ頃」　長門美保
三　「花咲く街」　二葉あき子
四　「美しき高原」　藤山一郎
五　「秋草の歌」　奈良光枝
六　「寒椿《かんつばき》の歌」　安西愛子
七　「花の日本橋」　松田トシ
八　「海の歌」　伊藤久男
九　「我家の燈火《ともしび》」　美空ひばり

十　「今日はよい日」安西愛子
十一「ふるさとの花」島倉千代子
十二「希望の鐘」　コロムビア・ローズ
十三「まごころの花」コロムビア・ローズ
　である。すべて西条八十詞、古関裕而曲である。

十三曲中最も評判がよかったのは「秋草の歌」である。これは詞と曲とがよく合って、奈良さんの声がよくマッチしていたからだと思う。また、六曲目「寒椿の歌」を発表した頃には、三越ホーム・ソングの「花咲く街」などが、巷で歌われるようになり、岩瀬社長の期待どおり、ようやく普及し始めた。

三越では、ホーム・ソングの「のど自慢大会」を企画し、審査員は私と安西愛子君、三越宣伝部員、コロムビア文芸部員、東京放送の担当者が当たり、会場は本店六階の三越劇場。毎月最終日曜日の午前中に予選を行い、午後公開で本選をやり、同時に録音を採って東京放送から放送をした。

入賞者三名には、豪華な賞品も出たので一回毎に出場者が増してきた。

やがて、東京以外の地方支店でも「のど自慢大会」を開催するようになった。

このようにして、次第に全国に広まり、人気も出てきた。前から「ホーム・ソング・

コンクール大会」の全国的な会を、近々東京で開催する企画があり、宣伝部が中心となって準備を進めていた。

ところがその最中、岩瀬社長が急逝された。

そして、ホーム・ソングの会も中止された。岩瀬社長の発案によって作成された十三曲の三越ホーム・ソングも三年ほどで終止符が打たれたが、これによって、私も健全な歌曲を社会に広め得たことを感謝した。

社会奉仕の良識ある紳士、岩瀬英一社長のご冥福を心から祈るものである。

連続ラジオ・ドラマ「由起子」

作　菊田一夫

満天下をうならせ数々の話題をふりまきながら、連続ラジオ・ドラマ「君の名は」は、昭和二十九年四月八日に大団円となった。引き続き菊田一夫作のラジオ・ドラマが企画され、電波に乗った。それが「由起子」である。由起子という一女性の波瀾《はらん》に富んだ生涯の物語で津島恵子と木村功《きむらいさお》の主演であった。このドラマにも二つの主題歌がついて、奈良光枝君と伊藤久男君が歌った。

「由起子はいつも」

作詞　菊田一夫
歌　奈良光枝

灯《ともしび》　ゆれる　幸福《しあわせ》の
窓辺をはなれ　旅ゆけば
嵐に暮れる　峠道
ああ……街は遙かに　まだ遠く
由起子　由起子
由起子はいつも　唯一人

「春の嵐に」

作詞　菊田一夫
歌　伊藤久男

春の嵐に　散り落ちて
流れゆく水に浮かぶ　花びらよ
別れても　また会おうよ
君　きっと　会えるさ

静かな朝がくれば
また　いつの日か

この二つの主題歌は放送の時交互に歌われ、三十一年三月で放送は大団円となった。

舞台は回る

連続ラジオ・ドラマ「君の名は」が、昭和二十九年四月をもって大団円となった、その年の夏。菊田さんは、東宝の演劇部門の重役として活躍を始めることになった。その時菊田さんは私に、「無理を言うかも知れないが、これからもよろしく頼むよ」と言ってくれた。私は、これから菊田さんといっしょに舞台の仕事ができると思うとワクワクし、ドラマやミュージカルはさることながら、念願のオペラも書けるだろうと、期待で胸がふくらんだ。

やがて昭和三十年、初の東宝ミュージカル公演と同時に、私の音楽活動も一変し、電波から離れて舞台での活動へと移っていく。ちょうどテレビが普及し始めるのと相前後した頃である。

菊田さんがあれだけ書くのだからと、私も意欲を燃やした。そして、次から次へと舞台は巡っていくのである。

東宝劇場をはじめ、芸術座、帝劇、梅田・新宿コマ・スタジアム、明治座等々。そして、ある時は映画の主題歌を、またある時はラジオやテレビのテーマ・ソングをと、全く忙しい毎日ではあったが、実に楽しく愉快な日々の連続であった。

ただ夢中で過ぎていったこれらの日々に終止符が打たれようとは、想像だにしなかった。

舞台活動も十八年たったある日、突然それは訪れた。菊田さんの死によって、私の舞台活動にも幕が降りたのである。

劇場公演は、十八年間で約百五十篇余。そのうち東宝劇場では約五十篇、芸術座で約四十篇と、この二劇場で約三分の二を占める。

その他、昭和三十一、二年にかけて、菊田さんの希望で、また、彼自身の指揮で大阪は梅田に、東京は新宿にコマ・スタジアムが設けられ、そこでも多くの公演をした。

この間、菊田さんは糖尿病で、私は胃潰瘍で一度ずつ入院したことがあるが、それ以外は健康な体で仕事に取り組んだ。

菊田さんとの仕事は、私の半生の半分以上を占めるものである。

今ここに、その最も上演の多かった東宝劇場と芸術座公演について、菊田さんとの思い出を交えて語りたい。

東宝ミュージカル

昭和三十年の夏、例年のように軽井沢に避暑に出かけた。

戦前は貸別荘を借りていたが煩わしいことも多いので、戦後は旧道の「つるや旅館」の一室を借り、私は東京へ行ったり来たりしていた。この旅館には、作家の石坂洋次郎氏の家族、俳優の竜崎一郎《りゅうざきいちろう》さん一家、池部良さん、その他訪問客には志賀直哉《しがなおや》氏、私を訪ねる西条八十氏等々多彩であった。

菊田さんは、二十九年に別荘を求めに来ておられた。軽井沢の商店街を散歩中、バッタリ出会った。路上で彼は話した。

「実は今度、東宝の小林一三《こばやしいちぞう》氏に懇望されて重役として入社し演劇部門を担当することになった。古関さん、よろしく頼みますよ。無理を言うかも知れないけれど、長い間のつきあいだからよろしく頼みますよ」

「それはおめでとう。大いに手伝います」

と、私も共に喜んだ。酒飲みだったら二人で乾杯というところだが、二人共、下戸だからあっさりしたものだった。

菊田さんはもともと劇作家。放送ドラマだけで甘んじる人ではない。

東宝の演劇担当重役として水を得た魚の如く、作家として、また経営者として、縦横無尽の活躍が始まったのである。

昭和三十一年から始まって四十三年までの十三年間で、私は約五十篇相当の音楽を担当。そのうちの数篇を除いてはすべて菊田さんの作及び脚色である。

第一回「恋すれど恋すれど物語」から「まぼろしの邪馬台国《やまたいこく》」までの中で、私が最も忘れられない公演は「敦煌《とんこう》」と「蒼《あお》き狼《おおかみ》」である。

舞台の素晴らしさはもとより、音楽は、私の原点とも言えるアラビア的かつ中国的な曲想を、思いのままに使えたので、私にとって一番満足のいく公演であった。

思い起こせばすべて懐かしくよみがえってくるが、東宝ミュージカルのほんの一部、特に印象深い公演のいくつかを、ここに書き残しておきたい。


第一回ミュージカル、「恋すれど恋すれど物語」は、三十一年二月九日、東京宝塚劇場において初日の幕を開けた。出演は東宝の喜劇俳優総出演で、エノケン（榎本健一《えのもとけんいち》）、古川ロッパ、越路吹雪《こしじふぶき》、宮城まり子等々。同時上演された飯沢匡《いいざわただす》作、三木鶏郎《みきとりろう》音楽の「泣きべそ天女」と共に大好評で、三月十四日に千秋楽となった。

初日のことである。大道具のミスで、宿屋の二階のシーンが終わって暗転となり、舞台裏で二階が降下することになっているのに降下しない。

俳優たちは、降りるに降りられずで大さわぎ。「ちょっと早く降ろしてェ」など叫んでいるのが音楽指揮をしている私にも聞こえてきた。次のシーンを作るためにも手間どった、というハプニングだった。

ところが、ハプニングはそれだけではなかった。数年前から胃痛に悩まされていた私が、この初日にオーケストラ・ボックスで、ついに倒れてしまったのだ。

医師の診断で胃潰瘍と分かり、しばらく安静を要するというので自宅で療養していたが、胃の内部出血もあり、内科の手に負えず、ついに五反田《ごたんだ》の関東逓信《ていしん》病院の外科に入院した。精密検査の結果三月中旬、胃の四分の三を摘出した。「切りとられた手のひらほどもある胃の内面は、古びたゴム管のように小さなヒビがあり、中央部は二、三センチも盛り上がり、真上にみみずが入れるくらいの穴があいて、そこが出血部でまるで浅《あさ》間山《まやま》みたいだった」と、妻に言われた。

薬や注射や医師嫌いで頑張りすぎた私だったが、仕事に追われ痛いのも我慢してきたのもいけなかった。

幸いに癌《がん》ではなくて、この一か月余りのダウンで今日まで生き延びた。やはり手術してよかったと、今でも思っている。

この間にラジオ・ドラマ「由起子」に続く放送劇が企画された。菊田さんの「忘却の花びら」である。三月下旬、放送のスタッフ一同が、石川県能登半島に取材旅行に出かけたが、私は手術後でまだ体力が回復せず残念ながら参加できなかった。

五月に再び九州は宮崎県地方へ取材旅行に行ったが、これにはどうにか参加できて、高千穂《たかちほ》、延岡《のべおか》、宮崎、日向《ひゅうが》地方の風物に触れて、作曲上いろいろな収穫があった。「忘却の花びら」は四月から始めて、一年間の連続放送だった。勿論音楽担当は私だった。

その後、東宝映画によってカラー映画となり、その音楽も担当したので忙しかった。この「忘却の花びら」の放送を最後として菊田ドラマは放送から舞台に移り、東宝系劇場には益々、絢爛《けんらん》たる菊田ドラマの花が咲くことになった。

東宝の第一回ミュージカル「恋すれど恋すれど物語」が、爆発的な人気を呼んだので、続いて第二回が計画された。そして「俺は知らない」(菊田一夫作)と「太陽の娘」(高木史朗作)の二本立てで、同じく三十一年七月五日、開幕した。

第四回目の、三十一年十二月公演は「パンと真珠と泥棒」。これは「俺は忍術使い」と二本立てで、どちらも私が音楽担当。こんな時我が家は写譜生等が詰めかけてまるで作曲工場であるが、私は作曲は決して助手等にはさせなかった。また、私自身が徹夜を重ねふらふらになっても、責任上指揮をして、その感覚を常任指揮者にしっかり教えこんで任せられるようになるまで、数日は立ち会った。

胃は手術後、四分の一の大きさになり、腸の一部が胃袋になるまで、牛乳も乳製品も消化力が弱いので食べられず、以前どおりの体になるまで時間がかかった。それでもいろいろなミュージカルの、どんなシーンにも自分のイメージによって作曲したものがピタリと合うと、作曲者として満足であった。私はミュージカルを作曲することが非常に楽しかった。

また、この「パンと真珠と泥棒」は、十月にＮＨＫにテレビのため書きおろした芸術祭参加番組でもあった。が、この時も、台本がなかなかでき上がらず、主役予定の森繁《もりしげ》久弥《ひさや》はおりてしまい、急に有島一郎に代わった。現在と違って録画のない時代で、すべて生放送でテレビ・ドラマを放送するのに、その前日に歌詞ができてくる有様で作曲者の私も困ったが、最後にせりふを覚え、歌詞も暗記して歌う俳優さんたちは全く大変であった。

三十二年九月、第七回公演は「盗棒大将」（盗棒をどろぼうと読んだ）と「メナムの王妃」の二本立てだった。

例によって原稿は遅れに遅れ、舞台稽古の日に、ようやく舞踊シーンの歌詞ができてきた始末。そのシーンになっても楽譜はできなかった。当たり前でしょう。一時間前に原稿を渡されたばかり。その歌の楽譜は急いで渡したが、編曲のオーケストラの楽譜は

まだ書いている最中。私には怒鳴ったことのない菊田さんだが、つい大声で、

「作曲は、どうしたッ!」

と、大声を張り上げた。私も思わず、

「そんなに早くできないよ。今、もらった原稿ですからね」

舞台稽古に夢中になって、先ほど渡したのがどこのシーンか忘れていた菊田さんはハッと気付いて、それっきり黙ってしまった。

長い間コンビを組んで仕事をしたが、怒鳴るので有名な菊田さんが、私に怒鳴ったのは、後にも先にもこれ一回きりだった。怒鳴る方が無茶で、こんな無理を聞いてあげる作曲家が他にないことを、心中知っていたのだろう。だが、あの直情がまた、なんともいえぬ彼ならではの美しさ、また愛らしさだったと今も懐かしく思う。

翌昭和三十三年二月。東宝ミュージカルも満二年、第十四作目を迎えた。東宝劇場が炎上したのが、その公演の初日であった。

前年一般から募集したミュージカル台本入選第一席の上演が行われた。

それは深沢一夫作「アイヌ恋歌」で、高木史朗さんの演出であった。同時に、菊田さんの脚色の「金色夜叉《こんじきやしや》」を上演したが、これは、村山芳男、広瀬健次郎両君の音楽だった。

一月三十一日、徹夜の舞台稽古で、二月一日に初日の幕を上げた。

村山君等はまだ書き足りない「金色夜叉」の音楽を楽屋で書いていた。

「アイヌ恋歌」は舞台も順調に進み、越路吹雪さんの踊りの場面となった。この踊りは第九景。その前に第七景のアイヌ部落焼打ちの場があり、吹きボヤを使った。

吹きボヤは、歌舞伎で古くから使っている火事場用の小道具で、マドロスパイプ状の筒の先に懐炉灰《かいろばい》を詰め、これに点火して吹くと細かい火の粉が飛ぶ。ちょうど、火事場の火の粉の感じが出る。それを使った第七景が終わり、第八景はカーテン前の芝居。

次は第九景だが、なかなかカーテンが上がらない。初日だから大道具がまごついているのだと思った私は、即興的にハモンド・オルガンを三、四分弾いたらようやくカーテンが上がった。舞台はまっ暗で主演の越路吹雪にスポット・ライトが当たり歌が始まった。

私は常任指揮者の傍らに腰かけて舞台を見上げていた。視線が越路吹雪から、舞台の上に吊るしてあるサスペンション・ライトに走った時、ライトのつけ根から火花が散った。「あっ、漏電だ!」と思った時照明係の一人がそこへ登って行った。すぐ直ると見ていたら、火花はそばのカーテンに飛び散った。と見る間に、徹夜のリハーサルで、ライトが当たりカラカラに乾燥していたカーテンが上からメラメラと燃え落ちてきた。

大変だと思う間にあたりの大道具や、天井の造花にサッと炎が走った。皆がさわぎ始め越路吹雪も歌をやめて走り去った。

総立ちになった客を案内係がすぐ扉を開いて外に避難させた。前の席にいた妻と一緒に逃げ出した。私は早く脱出せねばとオーケストラのメンバーと、ボックスから地下道の出入口を通り、表へ出る階段の下に行ったが、既に煙が充満してよく見えない。手さぐりで表まではい上がった。後で聞くと舞台事務所にいた菊田さんは、「消火器、消火器」と言って持ったものの使い方がわからなく手間どったが、既に火は天井の舞台装置に燃え広がっていたのでどうにもならなかったらしい。

私が逃げ出した時、ステージと事務所の間の防火シャッターが降りて火は遮断されていた。俳優は楽屋からエレベーターで降り、ここを通って逃げるのだから、この防火シャッターを早く降ろしたのは大勢を救ったことになる。火は裏手の楽屋に燃え移っていた。

楽屋で作曲中だった村山、広瀬の両君は、ほうほうの体で脱出したが、さらに奥まった楽屋にいた女優さん一名と劇団「若草」の子供二名は逃げ遅れ、焼死体となって発見された。東宝社員は総出で消防隊に協力した。火事は、舞台と客席前半と楽屋の一部を焼いて鎮火した。

私が通路から脱出し車寄せに飛び出した時、妻が待っていて走り寄った。東宝前の道路に出ると、一度に逃げ出した人波に押し流されて三信ビルに来て、やっと南側に踏み止《とど》まった。

東宝劇場は既にどの窓からも黒煙が吹き出し、更にその煙は濃く立ち昇り、屋上に数人の人影が右往左往するのが見えて心配された。

せっかくの初日、音楽も苦心して書き上げたのにと胸をしめ付けられる思いだった。立ち尽くしてながめる周囲の人々も皆、青ざめて恐怖におののいていた。

間もなく常任指揮者の多君が、指揮台のオーケストラ総譜を持ち抱えて来てくれたことが分かり、またオーケストラのメンバーも楽器を持って客席の方へと無事に逃げ、皆三信ビルの方へ流されて来たのにホッとした。

ちょうど、向かい側の芸術座では、やはり菊田一夫作、私の音楽で、「風雪三十三年の夢」という宮崎滔天《みやざきとうてん》（中国孫文の陰の協力者）の生涯を劇化した芝居を、森繁久弥主演でやっていたが、そちらは千秋楽であった。

そのマチネーが終わった頃、出火したのだが、折よく数分違いだったので、少しは混雑をまぬがれ、消火活動はわりに早く行われ、全焼には至らなかった。

火事の翌日から現場検証が始まり、私も参考人として呼ばれ警察官に私の見た事実を詳しく話した。しかし当局側は、第七景に使用した吹きボヤが、そばの紗幕《しゃまく》に引火したとの説を曲げず、実験して試しても全然燃え上がらないし、燃え移りもしないのに結局その説を押し通してしまった。

第七景に使用した吹きボヤならば、当然第八景の中頃には発火しているはずで、私が最初に見たライトの火花によりカーテンが上から下に燃え落ちた事実を、証人として呼び出されるたびに数回証言したが、結局吹きボヤの失火事件として終わった。そして、舞台裏の責任者の某副支配人が責任をとった。

この「アイヌ恋歌」は前述したが、週刊朝日と東宝が共同で募集したミュージカル台本の第一席で、応募総数六百三十三篇の中から選んだ作品であった。

第一幕で客席が暗くなると、太鼓が大きく鳴り響き序曲が始まる。原野の広大さを思わせる雄大で悲哀に満ちた曲にした。

当時の週刊朝日の「演劇欄」では、批評に「アイヌ恋歌」で一番優れているのは音楽で、古関裕而の作品である、と書いてあったので、音楽のよく分かる批評家だとうれしく思った。こういう一言によってどんなに苦労がいやされ、励まされることか。また次の原動力の泉ともなるのだ。

その後間もなく東宝劇場は再建され、東宝ミュージカルも順調に運び、四十三年五月「まぼろしの邪馬台国」まで続く。

そのうちで、グランド・ロマンス「敦煌」が上演されたのが昭和三十五年十一月（グランド・ロマンスは、ミュージカルより多少せりふが多い）。菊田さんも私も、敦煌やシルクロードには大変興味があり、彼は以前からその歴史のドラマが秘められた地帯を書きたがっていた。

　それ故、菊田さんの筆には熱がこもり、舞台は非常に凝って、スクリーンフィルムを使用したりで迫力は倍増した。

　顔ぶれは当時の人気役者がこぞって出演。中村萬之助《なかむらまんのすけ》や中村中車《なかむらちゆうしや》、若手ホープの高島忠夫、八千草薫等々。高島忠夫が軍の指揮をとり、スクリーンに映る大軍を率いる名演技などは、東宝グランド・ロマンスならではの迫力。実に素晴らしい舞台であった。

「敦煌」には、いろいろな地域の踊りの場面がよく出てくるが、菊田さんはその音楽を全面的に私にまかせ、何の注文もつけることがなかった。

　その中で興慶府《こうけいふ》の踊りの曲は、合唱団のために書いた私の最も力作で、ヨーロピアン的かつまた中国的な音楽を取り入れた。当時、私は敦煌にあこがれて多くの本を読み、菊田さんとこの西域の話をし出すと尽きることがなかった。今でも敦煌を始め各所のシルクロードへ行ってみたいと思っている。

「敦煌」の再公演の話が幾度かあったが、スクリーンフィルムはどこかになくなってしまい、当時ほどの豪華な役者を一堂に集めることも不可能だという難問題をかかえて、未だに実行されていない。それにしても東宝始まってこのかた、これ以上のミュージカルを私は見たことがない。

　また、三十九年二月に公演された「蒼き狼」も「敦煌」に次いだ大作であった。両方とも井上靖《いのうえやすし》の原作を菊田さんが実に巧く脚色している。最初、読売ホールで公演されたが、大変な人気を呼んだので、東宝グランド・ロマンスとして引き続き公演された。主役ジンギスカンに市川染五郎、王女役に三益愛子《みますあいこ》。また中村萬之助、八千草薫、加茂さくら等々。

当時の人気東宝女優加茂さくらは、声楽家としても素晴らしい声の持ち主だった。中でも素晴らしかったのは、「わがふるさとは」というアリアで、高音で大変難しかったが美しいソプラノで歌い上げ、私は非常に満足だった。また、ジンギスカンの第一王妃になる時に子供を捨てる場面で長い歌があるが、そこでもまた見事に私の曲を生かしてくれた。

しかし、再公演で加茂さくらでなく、別の女優に代わった時、これらの曲は音が高すぎ、キーを四〜五度下げて歌った。その際、菊田さんがそのまま通してしまったのには、いささか私も不満を隠すことができなかった。菊田さんも駄目だなと思った。だが、菊田さんとの公演で不満を感じたのは、後にも先にもこれきりだった。

この「蒼き狼」もシルクロード的な西域ムードの音楽に蒙古《もうこ》の力強さを加え、私としては満足のいく忘れられない公演である。

これら格調高い作品は東宝でも数少ないものであろう。その音楽を私が担当したことはとてもうれしい。菊田さんの脚色の巧さと私の音楽がよく合い、互いに満足しあえるものであった。また、それを十分表現してくれる俳優さんや、スタッフの方々、そういう方々がそろってこそ、素晴らしい公演になるものだと、その時しみじみ感じた。
菊田さんが生きていたら、今頃は「敦煌」や「蒼き狼」を東宝グランド・ロマンスとして再演し、より多くの観客を大いに沸かせているかも知れない。

芸術座公演——菊田氏念願の花開く——

東宝劇場火災のところで、向かい側の芸術座のことにちょっとふれたが、この小劇場は東宝本社ビルが昭和三十二年四月に建った時、四階五階と通して設けられた。
菊田さんの長年の念願であった、新しい演劇分野の活動の場として作られ「芸術座」と命名した。この本社ビルには他に「みゆき座」と「千代田劇場」の映画館も併設されている。

芸術座のこけらおとし、すなわち第一回公演は山崎豊子《やまざきとよこ》原作、菊田一夫脚色並びに演出、音楽古関裕而で「暖簾《のれん》」をやった。
森繁久弥、三益愛子等の出演で四月二十五日初日から六月二日まで公演され、大好評を博した。定員八百名足らずの小劇場であり、音楽はテープ録音で流すので、オーケストラ・ボックスはなく、私は音響の強弱のコントロールのため録音室を出たり入ったり忙しかった。リハーサルの時と、客席に客が満席になった場合とは、また音楽の反響が少し異なるので、それを録音の係員とよく研究した。この劇場は、ステージと客席が近く小ぢんまりとしているので、俳優の表情や微妙な動作が間近に伝わり一種の親密感があり、大劇場にはない独特なムードが日増しに感じられた。

上演台本は厳選され、新派と新劇の中間をゆく新しい商業演劇として急速に観客が定着し、日一日と隆盛になっていった。

菊田さんと私のコンビを組んで上演したものは、三十二年から、四十七年までの十六年間で、約四十篇。以降は中でも人気のあった公演や思い出に残る公演について東宝ミュージカル同様年代を追って記しておきたい。

昭和三十四年十月、「がめつい奴《やつ》」

榎本健一、三益愛子他の出演。大好評のため続演で、翌三十五年六月からの再演を含めると実に十か月のロングランの記録を樹立し、芸術祭文部大臣賞とテアトロン賞を獲得した話題の劇となった。

中山千夏《なかやまちなつ》が少女役で東京での初出演で大成功を収めた。

昭和三十五年十月、「がしんたれ」

中山千夏主演。菊田さんの少年時代の丁稚《でっち》奉公の苦境を劇化したものだった。

昭和三十六年十月、「放浪記」

林芙美子原作、菊田一夫脚色。出演は森光子他で、芸術祭賞とテアトロン賞を受賞。再三上演され、昭和四十九年三月に菊田一夫演劇祭の一つとして公演した。

昭和四十年一月、「サウンド・オブ・ミュージック」

これは菊田一夫が演出指導し、私が音楽監督をした。芸術座では最初のミュージカル上演であった。主演は淀《よど》かおる、高島忠夫等々。

この二年前に東宝劇場で菊田一夫演出で「マイ・フェア・レディ」の翻訳上演を試みているが、これを契機にミュージカルの本格的な製作、上演の気運が高まり、ブロード・ウェイの作品等が上演されるようになった。「サウンド・オブ・ミュージック」もその代表的作品である。

同年六月、「終着駅」

市川染五郎と那智《なち》わたる主演で、有名な映画の劇化を試みたのがかなり巧みに構成され、新聞批評もすこぶるよかった。前田美波里《まえだびばり》がポータブル・ラジオを持って駅の待合室に幾度も出てくる。そのラジオから流れるカンツォーネ風な音楽は、私の作曲。後日、これはレコードになった。

昭和四十二年三月、「あかさたな」

山田五十鈴《やまだいすず》、三木のり平、森光子等が出演。作者小幡欣治《おばたきんじ》脚色、菊田一夫演出。明治、大正時代の牛鍋屋の主人の繁昌記《はんじようき》で、三木のり平が主役で、妾《めかけ》にあ、か、さ、た、なと番号をつけて、いろいろな商売をやらせ多角経営をする喜劇。森光子が火葬場経営をして、最後に主人公を葬る役で笑わせた。

同年五月、「太宰治《だざいおさむ》の生涯」を上演したその後、菊田さんは東宝演劇担当専務の責任上仕事の鬼のようになって活躍したため、ついに糖尿病が悪化し、入院した。

昭和四十三年五月、「雑喉場《ざこば》」

大病後の菊田さんが初めて芸術座のために書いた作品だった。まだ顔色が悪く、食べ物に好き嫌いがあるため栄養のバランスがとれないらしく、見守る者たちをハラハラさせていた。

昭和四十七年十月より十二月末までのロングランで「道頓堀」を上演。森光子主演で大阪のカフェーの世界を描いたもの。これが菊田さんの最後の作品となった。

昭和四十八年四月四日、菊田さんは六十五歳で、ついに亡くなられ、私は半生のよき友を失った。芸術座の二人のコンビもここで終止符を打ったわけである。

ここで、芸術座の音楽を十六年、担当したことを振り返ってみると、何よりも全部テープ録音だということは、時間的に大変な制約であった。少なくとも舞台稽古の二日前には録音を完了しなければならない。

一つの劇の作曲の数、そのための日数を考えると、二週間前には菊田さんと各場面の打ち合わせをしなければならない。ところが台本はできず、菊田さんのオリジナル作品となると、劇の内容も決まっていないこともある。

まるで雲をつかむような打ち合わせで、分かっているのは場割だけ。登場人物の役柄などをざっと話されるくらいのもの。そこで私自身のイメージで主要人物のテーマを作り、そのヴァリエーションを何種類か書いておく。ちょうどレストランのメニューに、スープは何種類、魚、肉、鶏料理等、あらゆる型を準備するように、その用意の心配りは大変であった。舞台稽古を見ながらその場に合った音楽のナンバーをミキサーに指定するのだがこれがまた不思議にピタリと合う。菊田さんと二人、顔を見合わせて、
「どうして、こううまく合うんだろう！　不思議だナ、以心伝心だね」
と笑い合ったこともしばしばであった。その友も今は亡い。

菊田一夫氏との対談「告白もまた楽し」

昭和三十年五月八日付、内外タイムスに菊田さんと私とのこんな対談が掲載された。

＊

連続ヒットの当たり屋、菊田一夫氏が名コンビをうたわれてここに十余年の古関裕而氏を、自分から誘いだしての対談、戦後は、「鐘の鳴る丘」から「イヨマンテの夜」「フランチェスカの鐘」など菊田氏独特の変わった詩の調子を、見事にこなしてヒット曲を生みだす古関氏は、ここでも呼吸ピッタリ。十八年間秘められた涙ぐましくもおかしき告白を、いとも楽しく語り続けて爆笑対談となった。

「国際的禿頭《とくとう》全快秘話」

古関　やァ……、だいぶ待ったの。
菊田　いや、ほんのちょっと前だよ。今日はあんたが被告だからおとなしくなんでも白状するんだよ。
古関　遅くきたからっていじめなさんなよ。（笑）
菊田　僕は、あんたに前からききたいききたいと思っていたことが一つあるんだけど……。
古関　なんだろう。
菊田　（ニヤニヤしながら）あんたと十八年間つきあってるけどおつむ事件の真相をきいたことがないんだ。
古関　こんなところで、いやなことをほじくるじゃないの。（笑）
菊田　あの頃とても気にしてベレーをかぶり通していたね。あんた無意識でときどきベレーをおさえてるんだな、（笑）あれは床屋でうつったの。
古関　いや、台湾ハゲというやつで、満州から帰ったとたんだったんだ。
菊田　国際的だね、これは。
古関　髪を洗ったらバサッと抜けた、ギョーテンしたね。あれあれと思っているうちに、あちこちどんどん抜けてゆくんだよ。

菊田　丸っパゲになったの。

古関　ところどころ残ったけどね。医者にみせたら「円型禿頭だ」というんだ。

菊田　伝染するのじゃないの。

古関　いや、伝染じゃなくて一種の栄養障害だって。

菊田　そうか、僕はその頃うつると思って敬遠していたんだけど、その心配なかったんだね。それじゃもっと仲よくするんだった。（笑）

古関　ひどいなあ。（笑）太陽燈や赤外線をかけるがだめなんだね。医者が抜けきるまで放っておくしかないというの。悲しかったね。

菊田　泣いたろう。俺なら泣くな、風呂場のすみかなんかでシクシクとね。（笑）

古関　いろんな治療をやったよ。ショーガをすって頭に貼ったりね。あらゆることをやってみた。

菊田　結局なにが効いたんだろう。

古関　注射だよ、ドイツから良い薬がきたのでやってもらったが痛くて、痛くて……。注射を頭にうつんだ。ハゲたところに何本もやるのがすごく痛い。

菊田　頂門の一針だな。（笑）しばらくしてあんたに逢ったら黒髪がふさふさしてるじゃないの。

古関　よっぽど僕の頭が気になったとみえる。（笑）
菊田　そ、そうなんだ。こりゃァ、カツラだなと思って横から見たり後ろからみたりしたが、どうもカツラじゃないらしい、不思議だったね。
古関　どうりで、あの時のあんたの目付きが悪かった。（笑）注射を始めたら一週間ぐらいで生えだした。だから円型禿頭の人を見ると、教えてやりたいんだが言えないでね。（笑）
菊田　ハゲのことなら何でも古関ハゲ博士にきけ。（笑）
古関　涙ぐましい苦労だった。頭に毛が生えてる人が羨しくてね。
菊田　あれから何年なの。
古関　昭和十三年だからこの髪はまだ十七歳だ。額から上は全部十七歳。（笑）
菊田　カツラはかぶらなかったの。
古関　今だから白状するけどカツラ作ったんだ。
菊田　じゃ、かぶったんだね。
古関　うん、ちょっとね。
菊田　初耳だ、古関裕而がカツラかぶったとこ、いいな。（笑）オレ「由起子」（ドラマ名）のテスト の時みんなにしゃべってやろう。（菊田氏茶目気たっぷりに転げ回って笑う）

古関　だめだよ、ひとにいっちゃだめだよ。（笑）
菊田　そのカツラどこで作った。
古関　白木屋（現在の東急日本橋店）に専門家がいると家内がきいてきて、そのカツラ屋に直接行った。やがて届けてきたんだが全然合わないんだ。髪の生え際がちがうから顔に合わない。結局すぐにやめちゃった。
菊田　今日はやっとききたいことがきけたよ、十八年間ずっと胸につかえていたシコリがスーッととれたみたいだ。（笑）

「卓上ピアノで作曲」

菊田　古関さんとこは福島の呉服屋さんだったってね。
古関　小学校の頃、市で指折りの呉服屋だったが父が商売下手で左前になってやめた。それでも小学三、四年ごろにも「大きくなったら呉服屋をやれ」といわれ小僧たちと一緒に前垂れかけて店先にならばされたことがある。
菊田　あとで銀行に入ったんだろう。
古関　僕は商業学校出たからね。伯父の銀行を二年ほど手伝ったんだが作曲がやりたくてたまらなかった。
その頃、根岸歌劇団、いわゆる金竜館オペラで、沢モリノというプリマドンナが来て、それを毎日見に行ってウップンをはらしたよ。
菊田　あの頃のオペラはよかったなア。オペラファンも今の洋楽ファンなんかよりずっと高かったと思うな……。
オペラ見ていて舞台人になりたいと思わなかった？
古関　ああいうものが書きたかった。今でもオペラ書くのが念願だよ。
菊田　どういう勉強したの。
古関　その頃、妹尾楽譜というのがあったでしょう。妹尾幸陽がやっていた。
菊田　あれは表紙が竹久夢二で「ボッカチオ」とか「カルメン」とかいろいろあったね。
古関　あれですよ僕が勉強したのは、一枚三十銭で何枚も買って親父《おやじ》に叱られた。
菊田　随分ぜいたくなものだったよ。今の堀内敬三あたりが訳詞をしていた。
古関　それから作曲の方は山田耕筰先生の「作曲法」というのを買って勉強した。おふくろが卓上ピアノを買ってくれてね、それで作曲のまねをやったんだ。
菊田　あの小さなおもちゃの卓上ピアノ？
古関　そうなんだよ。（笑）小学校の五年頃に、「金の鳥」にのっていた童謡の「黒ん坊の人形」というのを作曲した。銀行に入ってからはハーモニカ合奏団を作って「福島行進曲」など作曲した。
菊田　上京したのはいつなの。

古関　昭和五年で二十一か二だった。その前にコロムビアレコードに楽譜を送ったら何と思ったかチョット来いというので上京したら、「専属にならないか」という話だったので銀行で帳面つけなんてつまらんから早速やめちまった。（笑）
「同じ屋根の下の奥さんに年賀状」
菊田　奥さんとのロマンスをきかせてよ。
古関　さあ、そんなことあったかな。（笑）
菊田　とぼけなさんなよ。（笑）恋愛進行中に奥さんから愛の詩が来てそれをあんたが作曲して送ったというの。
古関　あんたそれ。創作でしょ。（笑）
菊田　「今年の正月の年賀状」のこと、奥さんからきいたよ。
古関　あれ……、もうやめようよ。（笑）
菊田　なかなかやめられないね。（笑）あんたが奥さんに年賀状を出したんだってね「今年も仲よくしましょうね」って。
古関　菊田さんて、つまらんこと覚えてるんだなあ。
菊田　だって同じ屋根の下にいる奥さんにわざわざ郵便ポストに入れて年賀状出すなんて、ちっとやそっとで忘れられはせんな。（笑）奥さんとはどうして知りあったの。

古関　家内は豊橋だが名古屋の何とか文化協会といったものを手伝ったりピアノ習ったり詩を会報に書いたり、まァ文学少女といったところ。
菊田　会報なんかで知り合うなんてロマンチックだね、交際期間はどれほど。
古関　半年くらい。
菊田　割合順調だね。（笑）
古関　今年がちょうど銀婚式に当たるんだよ。娘も大きい。
菊田　時々、お嬢さんが奥さんに間違われるんだってね。
古関　そうだ。今日も、ここの記者の方が間違えた。（笑）家内と娘が揃って歩いていると「お姉さまですか」といわれて家内はいい気持ちらしいよ。（笑）
「フランチェスカの鐘が鳴るのに一年、作曲の難しい〝菊田もの〟」
菊田　あんたと一緒の仕事をしたのは「露営の歌」のヒットした頃だったね。
古関　あれ昭和十二年でした。
菊田　あんたの作曲するのは流行歌でもいわゆる流行歌調でなくクラシックが入っている。
古関　クラシックが好きだし家内がイタリーオペラを勉強したから伴奏したりでね。
菊田　流行歌とは別に早稲田大学の「紺碧の空」も作っただろう。僕はＮＨＫのドラマのミュージックを古関という男にやらせないかといったんだ。それ以来だね。

古関　長いつきあいだけど、一番作りにくいのは菊田さんのものだし、作って一番面白いのも菊田さんのものだね。

菊田　僕のはわざと調子を狂わせているものね。やりにくいだろうな。

古関　これを克服すると面白いのができる。

菊田　リズムが同じのはいやだから、わざとメチャメチャなものを作る。九、七、六、八なんて字脚は一番は楽だが二番目がことだ。

古関　それを作曲するのが難しい。でもシャッポぬぐの癪《しやく》だからやっちゃうんだ。「フランチェスカの鐘」にしても一年くらいかかった。

菊田　詩を早くくれというから渡したら、なかなか出来ない、まだかまだかといっている間に一年たったけどヒットしたね。

古関　あんたはラジオドラマでも音楽の注文がうるさいのね、「黒百合夫人」の台本を読んでいったら完全に一頁が音楽の注文だった。それが……という感じを十五秒で表せ、と書いてあるのに驚いたなァ。（笑）それから、タバコの灰が音もなく崩れる音、なんていう注文は弱るよ。（笑）

菊田　でも「イヨマンテの夜」は、あんたの曲が先だったよ。あんな作りにくいことはなかった。あれは苦しかったよ。

古関　やっと仇討ができた。

「息が詰って四苦八苦　節つけて〝キークタさん〟〝コーセキさん〟」

菊田　あんたのドモリ治らない。

古関　緊張するとすぐ出ちまうな、菊田さんもドモリますね。

菊田　僕は十五、六の時からだから長いよ。

古関　僕も小学校の時、クラスにひどいドモリがいて、そのまねをしていたら、こっちがなってしまった。

菊田　僕もまねしてなったんだが日本人にはドモリが多いね、僕は「楽声社」の通信教育でやっと治した。僕のは難発性吃音《きつおん》といってドモリのひどいやつでね、普通のドモリは、か、か、か、かとうさんというだろう、僕のは声が出なく息が詰るようになって、四苦八苦するよ。

古関　特殊な発音がだめなんだ、カキクケコがいいにくい、声帯の関係でしょうね。

菊田　古関さんは僕のことをキクタさんといわんだろう、ヘクタさん、ヘクタさんといってる。(笑)だから僕はわざとヘクタじゃないよといってやるんだ。(笑)

古関　ひとが悪いや。でものばすといえるんだよ。キークタさんといえばね。

菊田　そうなんだ。節をつけてのばすといいな。コーセキさんという具合にね。ところ

が僕は自分の名がいえなくて弱っちゃったよ。（笑）

古関　何でもオをつけていえばいいときいてつけたこともある。歌うのはどもらないんだから発声が違うらしい。

菊田　皆がきいていると思うともうだめだ。

古関　学校が一番つらいね。立たされてしゃべるのが辛い。

菊田　そうだよ。僕は英会話の学校に、二、三年通ったが立ってリーダーを読めないんだ。サブマリン（潜水艦）というのが言えなくて、サササと唇だけ動いて声にならない。だからだんだん点が悪くなってやめちまったが、英会話やってる間ドモリつづけた。

古関　外国人にもドモリはいるだろう。

菊田　もちろんいるんだよ、外国人のドモリってのは面白いんだよ。（笑）きいてて、おかしくて、おかしくて、あとで腹をかかえて笑っちゃった。モモモモモーニング。

（笑――手まね入りの名演技であった）

古関　あんたは演出しながらよくバカヤローってどなるね。

菊田　僕が怒るとダメなのよ、僕が何をしゃべっているか、わからないで相手はぼんやりしている。だからますます怒鳴るだろう。ドモるからいよいよわからない、ついバカヤローってどなっちゃう。

古関　濁音は簡単にでるものね。

菊田　こっちは昂奮してしゃべれないから、ついバカヤローが出るんだけど、「バカヤローとは何だ」とくいつかれる。ドモリはそういう悲しさがあるね。

古関　国会なら大変だよ、悲しさだけではすまないからね。（笑）

菊田　じゃあ。この辺でバカヤロー解散としようか。（笑）

〈注〉当時の首相吉田茂氏が社会党西村栄一氏にバカヤローと怒鳴って問題となった事件があった。

一筋の道

ドアをノックすると、中から「どうぞ」という声が返ってきた。まさか「——では?」と思いながら開けると、その声の主はやはり能勢妙子さんだった。ちょうどベッドの菊田さんに本を読んで聞かせてあげている最中だった。多分、上演予定をしていたミュージカルの台本だと思う。私は慶応病院の一室にこのお二人の姿を拝見して、なんともホッとした気持ちになり、うれしくなった。

かなり以前、菊田さんから能勢さんに対する気持ちを綿々と連ねた部厚い手紙をいただいたこともあり、その後お二人はめでたくゴールインされ、私は菊田さんのこの三回目の結婚を内心喜んでさし上げていた。しかし、それから何年かして菊田さんが私の家の近く(代田二丁目)に移ってこられ、新しい「彼女」と生活されていることを知った。かといって能勢さんと離婚された様子もない。何度かお邪魔したが、複雑な気持ちになり、どうも私には納得できないでいた。

昭和四十七年の暮を境に、菊田さんの健康が優れないことをしばしば耳にするようになってきたが、まさか入院するほど悪いとは思えなかった。しかし明けて四十八年の三月、慶応病院に入院だという。いささかこれには驚いた。病状もかなり悪化しているという。が、まあしばらく病院で休んでいれば、また元気になられるだろうと私は楽観していた。だが伝えられる話はどうも芳しくない。時々、もし能勢さんが看病をしてくださっていれば……と思うこともあったが、不可能なことだろうと考えていた。私が見舞いにお伺いしたのは、こんな時だった。

いろいろなことを超えて、かいがいしく菊田さんの世話をする能勢さんが美しく見え、また菊田さんが果報者に映り、しばらくこのお二人の姿に見とれてしまった。やがて「菊田さん、よかったね」という言葉が私の口から突き出してきた。

「古関さん、今年の暮にはオペラをやろう。まだストーリーは秘密。インドの話で面白い大作をやろう。——それからミュージカルもやりたいものが沢山ある。とにかくぼくが元気になったら、古関さん、忙しくなるよ」と、菊田さんはとぎれとぎれだが情熱的に語る。私も「とにかく早く回復して、今まで以上にやろう。オペラが楽しみだね」と答える。能勢さんはそれを聞きながら笑みを浮かべてうなずいていた。

しかし、私がここへ来るまでに推察していた状態と相違して、菊田さんが余りに弱っているのには多少のたじろぎを感じた。だがお二人の美しい光景を拝見して、私なりに安堵感《あんどかん》を持ち、「また来るね」とそこを辞した。

まさか、これが永遠の別れになるとは、私は想像だにしなかった。

四月四日の夕刻、わが家の電話は、菊田さんが逝ったことを知らせた。私にはとても信じられなかった。七年たった今日でも、信じられないことである。

今年（五十五年）の正月明けの頃。

知り合ってもう何年にもなる知人のH氏から電話があった。H氏の友人に、彼の言葉を借りれば私の曲がものすごく好きな人がいて、ぜひ私にいろいろなことを聞きたいので、「もしさしつかえなかったら会ってやって欲しい」という用件だった。その人S氏は、出版企画・宣伝企画の事務所を持ち、年の頃なら四十前後。何かに夢中になると納得するまで追求しないではいられない性分で、実はこの話も、そうした性分からきているそうだ。

私はH氏のお人柄もよく存知上げていたし、また、さしてお断りする理由もなかったので承諾した。

一月十七日、約束は午後二時。S氏はその五分前に私宅を訪れた。妻は昨年乳ガンの手術を受けたばかりだったので、私が玄関に迎えた。S氏は丁寧に挨拶すると、正面にかけてある「常楽」と書かれた拓本の扁額《へんがく》をじっと眺め、かと思うとあたりに並んでいる妻の絵に目を走らせる。応接間に招じ入れるとまた丁寧に挨拶される。椅子にかけてしばらくの間は、妻の絵の師の作品数点に何度か目を移しながら、緊張感をほぐそうとしている様子。唐突な申し入れと思ってのことかかなり恐縮しているらしい。私は誰に接する時もそうであるが、これといった姿勢をとることもなく、ごく自然に迎えた。

「煙草、よろしいでしょうか」これが最初の質問であった。

以前はかなり吸っていた私だが、最近はやめてしまっていたので、私が煙草を嫌っていると感じたらしい。やがて一本目に火をつけ、遠慮がちに紫煙をくゆらせ始めたが、その頃になるとだいぶ落ち着いてきたらしく、私が入れたお茶を喫しながら、いよいよ「本題」に入ってきた。それから三時間半、私はS氏から質問攻めにあうことになった。それは実に率直で快いものだった。

はじめは、ファンのお一人かと思った。S氏は「古関先生のファン」で、とりわけ「サロマ湖の歌」が好きだと語る。息子の正裕と同じ早稲田の先輩に当たり、文学部で美術をやっていたと自己紹介。生来、絵画・書・文学等の創作が好きで、職業も、デザイン・編集。なるほど、次第に分かってきたことだが、芸術一般に関してかなりの造詣がある。音楽もグレゴリアン・チャントから現代音楽まで、幅広く聞いている。私の「イヨマンテ」や「サロマ湖」をムソルグスキー作曲「ボリス・ゴドノフ」の、たとえば「蚤《のみ》の歌」と並べて、その音楽性について絶賛してくれる。どうも、いわゆるファンというのとは違う。かといって、音楽評論家というふうでもない。

S氏の来訪の目的——それは「昭和文化」の中に「古関裕而」をどう位置づけるか——このテーマにかなり以前から関心を持ち、可能ならば直接本人に会って洗いざらい聞いてみる、というものだった。ひたすら音楽生活に明け暮れて今日に至る私には、このテーマは耳遠く聞こえた。しかし、率直でしかも繊細、それに飄逸なS氏のお人柄に興味をそそられ、ついつい私もしまっておいた記憶を引き出したり、最近の心境まで吐露することになってしまった。

＊

一般には「イヨマンテの夜」ほど知られていないが、「サロマ湖の歌」も、私の好きな曲の一つだ。にもかかわらず、S氏の「何千何万曲ともいわれている作品の中には、失敗作もありますか」という質問に、私が「サロマ湖」と答えると、不思議そうな顔をした。

当然かも知れない。応接間で少し落ち着いた頃「この歌がものすごく好き」と言っていたS氏だから、意表をつかれたという感じだったのだろう。

この曲は、かつて元陸軍画報の文芸部長だった中山正男氏から「自分が詩を書くから、郷里の美しいサロマ湖を題材にした曲を作ってくれないか」と頼まれ、「いいよ」と二つ返事で引き受けて作曲したものである。彼の話を聞くと、とにかく我が国有数の素晴らしい湖で、彼の歌詞にもあるように悲しい恋をした娘の涙で水も辛《から》いという。私は幽遠で神秘的な北辺のロマンを秘めた湖を想定しながらサッと書き上げた。完成すると中山氏も大変喜んでくれたし、伊藤久男君もそのムードを見事に生かして詠唱してくれたので私は満足できた。

それから数年後、北海道に取材旅行をした折、どんな湖かこの目で見ておきたかったから、そこまで足を伸ばしてみた。しかし当地へ着いて唖然《あぜん》とした。何の変哲もない湖にしか感じられないのだ。海水が流入しているから水が辛いのも当然である。私はしてやられたと思った。こんな訳で「サロマ湖の歌」は失敗作だと答えた。「思いこがれて泣く女の熱い涙がしみてるからよ」。それにしても中山氏は素晴らしい詩を作ったものだと感心する。

S氏はグリーグの「ソルベーグの歌」に比肩する音楽性豊かな名曲だと評価してくれるが、やはり苦笑してしまう。きっと今頃は当時と違って、中山氏の詩に劣らぬ北辺のロマンを漂わせた美しいサロマ湖が、私の再来を待っていてくれるかも知れない。

＊

申し訳なさそうに、S氏は本題からそれるがと前置きしてこんなことを切り出した。

　自分には生涯心の中で歌い続けていきたい一つの歌がある。ところが作曲者も作詞者もわからない。もし知っていたら教えて欲しいと言う。高校三年の時、ＮＨＫのラジオ歌謡か何かで耳にした曲で、一度しか聞いていないから一番しか歌えない。テープにとって覚えたのではないから不正確だと思うが、題名は「天草《あまくさ》の雨は」と言って口ずさみ始める。聞いているうちに、これは私の曲かも知れないと感じた。まず曲の頭が私の曲。詩は藤浦洸さんらしい。よくは思い出せないが、確かに二十年ほど前に私が作曲した曲らしい。Ｓ氏が歌い終わって、私が感じたままを語ると「先生の曲だったのですか」と感動を表す。そして正しく歌えていたでしょうかと返ってきた。私が「忘れました」と答えると全く意外な顔をして「だって先生がお作りになった曲でしょう」と突いてくる。

　私は過去に作曲したものは、一部覚えているものもあるが、どんどん忘れていく——というより捨てている。むしろ新しい音楽が次から次へと浮かんでくるので、作り終わった曲を覚えているいとまがない。だからこの曲についても「申し訳ないが、よく覚えていないのです」と答えた。

「では先生、この歌はご存知ですか」と言って歌い出す。「緑の水々、湧き返る。燃え立つ力で……」この曲はヘルシンキ・オリンピックを前にして小学生時代のＳ氏が、運動会や体育祭などで必ず歌った曲だそうだ。聞いていると、やっぱり私の曲のような感じがする。「先生、『スポーツ日本の歌』ですよ」とちょっとひやかし気味に笑う。

ともかく、私は曲を作るたびに完成の喜びを持つとすぐに捨てていたと思う。私にとって、でき上がった曲は、カスやフンみたいなものかも知れない。S氏に「変なたとえで恐縮ですが、ずい分沢山の美しいうんこをしてきましたね」とまたひやかされてしまう。

たとえば校歌・応援歌・社歌の類の曲をとり上げてみるだけでも、作曲活動を始めて以来求めに応じ、曲想の浮かぶにまかせ、多数作ってきた。その数三千ともいえるし、四千ともいえる。校名や社名だけでも整理しておこうと思いながら、それを怠っていたためにいつしか資料が散逸してしまい、今日では一割程度しか分からない。関係者にいわせればそれでも私の資料整理はきちんとしているそうだ。これにしてことほど左様である。ましてや、曲を覚えているなど、と思う。

ちょうどこのS氏の来訪があった頃、私の全作品の、レコード全集七枚組の企画が日本コロムビアで進められていた。やがて四月二十五日発売予定と決まった。さて、後日分かったことだが、この「天草の雨は」と「スポーツ日本の歌」も収録されていた。

*

「時々ラジオをお聞きになりますか」。私はここ何年も全くラジオを聞いていない。S

氏は「それではNHK第一放送の『ひるのいこい』もずっと聞いていらっしゃらないのでは……」と尋ねる。確かに聞いていない。

「農家のいこい」で放送開始したこの番組は、以来三十余年続いている。途中で新しいテーマを追加したこともあったが、ずい分長い間、私の曲を使っていただいているものだと思う。当時の農家の昼休みを想定して作曲した曲、あれから世の中も大分変わってしまい、今日ではどんなふうに受け止めてもらっているのだろうかと思う。

S氏はそれについて、次のように語ってくれた。

「やっぱり日本人は日本人」だと。生活の様式が大変革しても、人の心が変わるまでには百年、二百年かかる。三十数年前の日本人に比べれば、多少の変化はあるかも知れない。しかし深いところは少しも変わっていないのではないか。私のこの曲が、その深いところとのかかわり合いで作曲されているので、陳腐になるどころか、益々人の心をとらえていくのだそうだ。ヤカンがポットに変わり、スキ・クワが農耕機械になっていった。そうした機械化した農村社会のいこいの時間に、この曲が流れていっても、そこには何の不自然さはないどころか、むしろ、ともすると忘れがちな何かをフィードバックしてくれる不思議な力を持っている。だから作曲当初に比べれば、この曲の価値は倍加しているのではないかと語る。私もそうかな、と思った。

やはりNHK第一放送の日曜名作座についても同様な考えをS氏は述べてくれた。森繁久弥さん、加藤道子さんと始めて二十余年。テーマも当初の録音をそのまま使っている。現在、同放送のこのテーマ以外の曲は金曜日に作曲し、翌月曜日に私が指揮をしたり、ハモンド・オルガンを演奏して録音している。だが日曜日、夜の九時五分、ラジオのスイッチを久しく入れていない。ただ、最近、楽しみなのがあるので聞いてみようかと思っている。

「では、テレビはいかがですか」という質問。

私は、NHKの中央放送番組審議員の一人なので比較的よく見ている。いいえ、作曲や出演はどうかと尋ねられた。

テレビ放送が揺籃期《ようらんき》を迎え始めた頃から、私は菊田さんと一緒に舞台へ行ってしまった。したがって、私の音楽的興味の対象にはならなかった。勿論、菊田さんと組んだミュージカルや芝居が放送されることはしばしばあったが、テレビ用には、二、三を除いて作曲をしていない。コマーシャル・ソングもほんのわずかだが作った記憶がある程度で、今はそれがどんな曲であったか忘れてしまった。

NHKの音楽番組では、かなり指揮をしたと思う。それにNHKが私の「ビッグショー」を設けてくれたこともある。その時、孫の幸子が一緒に出たがっていたことを思い出す。彼女はその収録の日、客席で見ていたが、終わって家に帰り着くまでそれを言い続けていた。その後この幸子と出演した番組もあり、彼女が「とんがり帽子」を歌ってくれて楽しかった。確か幼稚園時代だったかと思う。

フジテレビの「オールスター家族対抗歌合戦」に審査員長として出演して久しい。萩《はぎ》本欽一《もときんいち》君の司会が面白いので楽しく参加している。この番組の収録は土曜日である。正午頃家を出て、途中で一度帰宅するが、収録が完了して家路につくのは十時過ぎになる。日曜日には息子夫婦が幸子を連れてやってくる、それを思うと何ともうれしくなる。毎日曜日、昼頃から八時まで、とにかく、今の私はこれが楽しみだ。

前述したがテレビはよく見る。NHKのものが多い。出演している「オールスター……」はあまり見たくない。自分の顔を見たり、声を聞いたりするのが、いやである。妻が時々「見なさいよ」と回すが、ちらっと見て大河ドラマ「獅子《しし》の時代」に切り替えてしまう。

NHK以外でよく見るのは洋画である。

洋画といえば「ベン・ハー」がよかった。また「アラビアのロレンス」もよかった。画面もストーリーも、また音楽も素晴らしかった。私は昔から、アラビアふうなものに憧れていた。それに関連してだろう。スペインも好きだし、チェコやハンガリー、それにジプシー的なものに引かれる。そしてさらにスラブに魅了され、そこから今でもよく夢にまで見るシルクロードを通って日本へ帰ってくる。

＊

ユーラシア大陸をアラビアから出発して、ヨーロッパをぐるりと回ってシルクロード経由で帰国したいという私の話が面白かったのだろう。S氏はあまり正確な言い方ではないがと前置きして「歴史的には、フランス近代音楽、ロシア音楽、山田耕筰が先生をとらえ、空間的には先生の志向性はアラビアあたりを起点として、ヨーロッパ文化の中で定席を持っているオリエンタル地方を巡回し、シルクロード経由で日本に帰ってくる。これがもしかすると先生の音楽の原点なのでしょうか」と分析する。だから「最も日本的、いや日本そのものなのかも知れない」と言葉を付け加える。

私の音楽――何と答えてよいか明快な言葉は見付からない。美しくて、きれいで、心の底に浸《し》みわたる音楽――そんな曲を求めて今日まで作曲活動をしてきたと思う。だから、言葉に置き換えるとこんな言い方になってしまう。

テーマや詩を前にして、その情景を浮かべる。すると、音楽がどんどん頭の中に湧いてくる。私はそれを五線紙に書きとる。過去に作曲した曲をもとにしたり、あるいは先人の作品を参考にすることは一切ない。勿論、幼い少年の頃、山田耕筰先生の曲を模倣したことはあった。それにムソルグスキーやストラビンスキーに魅了されたことも事実だ。したがって後年の私の音楽に実に大きな影響を与えたことも確かだ。そしてアラビア的なもの、オリエンタルなもの、シルクロード、それらを通してなによりも日本、これが私の美意識の基調になっているだろう。

たとえば、「オリンピック・マーチ」を作曲した時を取り上げてみよう。「日本的なもの」という要求であった。各地の民謡や越天楽《えてんらく》も「日本的なもの」には違いないが、私はこれを曲想に活用することは考えなかった。また「君が代マーチ」や「軍艦マーチ」を参考にしようとは全く思わなかった。私にとって東京オリンピックにふさわしいマーチがどんどん浮かんでくる。私はひたすらこれを書き取った。

札幌《さっぽろ》冬季オリンピックにも何曲か作った。同様である。その中の「スケーターズ・ワルツ」にしてもワルトトイッフェルから暗示を受けることはなかった。

私は独自性を常に意識しているのではない。自然にそうなっているのである。長期にわたって連続放送された「君の名は」の音楽にしても、決してその間マンネリに陥ることはなかったし、過去の自作によりどころを求めることも考えなかった。五線紙に向かうと、いつも新しい音楽がとび出して来る。時には、フッと消えることもある。しかし五分ほど休むと、また音が躍り出して来る。私を音楽一筋に歩ませたものは、これだったのかも知れない。

大概、二階の部屋で作曲する。するとS氏は「ピアノは二階にもあるのですか」と聞く。応接間にハモンド・オルガンとピアノが置いてあるので、そう思ったのだろう。

私は、本格的に音楽活動を始めてからの五十年、ピアノは勿論、一切の楽器を作曲の場で使ったことはない。いつも五線紙とペンだけである。辞書を引きながら文章を書いていたのでは、小説はできないと思う。それと同じではないかと答えると、S氏は納得した様子だった。

少年の頃、母に買ってもらった卓上ピアノ、それを探り弾きしていたことが懐かしく思い出される。

*

菊田さんの死——七年たった今でも、まだ信じられない。

S氏から質問攻めにあっているこの時、もし隣に菊田さんがいたら、もっと愉快だろうと思う。私の言葉足りない所を菊田さんは見事に補足してくれるに違いない。あるいは、私がふと洩《も》らした話に抗議してきたかもしれない。「ナニ！　ボクが消えたら、ココセキさん、あんたまで幕を引いたんだって。それは聞き捨てならんヨ」と。また、あるいは「S君、そんな言い方は失礼だぞ」とS氏をたしなめたかも知れない。

S氏は「四十四年には紫綬褒章《しじゅほうしょう》を、また、五十四年には勲三等瑞宝章《ずいほうしょう》を先生は受章されていますね。しかし、この問題が実に理解しにくい」と言う。芸術座関係の音楽を盛んにやっていて、その多忙の中で東京オリンピック、札幌オリンピックの仕事もしている。だが、四十八年を境に大作らしいものがリストからパッタリ見えなくなってしまう。これはどうしたことなのだろう。「菊田先生の死に関係がありますか」と語調を強めて攻め込んでくる。私はS氏のこの素朴とも思われる率直な質問に答えなければならない。菊田さんが私の袖を引っぱって「よせ、よせ」と言っているような気がしたが、私はあえて、ごく自然に語った。「確かに、その通りです」と。

昭和十二年以来、菊田さんが亡くなる四十八年まで、かれこれ三十六年間、私はずっと菊田さんと仕事をしていた。特に戦後は菊田さんが作った放送劇、ミュージカル、芝居が私の仕事の大半を占めることになった。私は菊田さんが行くところ、どこへでもついて行って作曲した。菊田さんの原稿の遅れがしばしば時間的に無茶を強いることがあって、私を困らせはしたが、曲ができ上がって「これでいいの？」と尋ねると「いいよ、いいよ」といつも満足してくれた。菊田さんは、全くいつも私の作曲を気にいってくれていた。私の音楽に対する最大の理解者であると同時に、作曲意欲を湧かせる私の源泉でもあった。いつの間にか菊田さんは、私の動輪になっていたのだ。

「今年の暮にはオペラをやろうね。それからミュージカルも沢山ある」と病室で語る話に、私は意欲をかきたてられ、大きな期待をした。

私より一歳上だが、互いにまだ六十半ば。あまり病状がよくなさそうに見えたが、まさか早々に逝ってしまうとは全く考えられなかった。

ああ、寂寞。私の心に空洞ができた。それが日増しに大きくなっていく。オペラもミュージカルも、舞台音楽も、何もかも――やりたいと思っていたものが、みんなできなくなってしまった。そしてこの時、菊田さんが幕を降ろしたのなら、私もそうしようかと思った。

ややしばらくして、また新しい作曲をしていこうとひそかに決心してみたが、しかし私に意欲を湧かせてくれる人は現れなかった。私の生活は次第に単調になっていった。

私にはS氏の不満そうな表情がはっきり読みとれた。それに、私も年だから「めんどくさくなって」と洩らすと、とんでもない、と反論してくる。「たーだ、なんとなくめんどくさくて――」ですか、と「フランチェスカの鐘」の一節を口ずさんで反論してくる。「それに以前に比べると、頼まれる仕事も減らしているし――」となだめるように答えると、「たとえば、スメタナの『わが祖国』『わが生涯より』も、あれはスメタナが頼まれて作ったものですか」と逆襲してくる。あるいはそうかも知れない。しかし、西欧の当時の作曲家は、自分から作っていたと思うと答えさせられてしまう。

＊

一見、単調に過ごしているかに思える日常生活。だが本当に、そう言い切れるだろうか。それに菊田さんの死が私の音楽的なもの一切を持ち去ってしまったのだろうか。

ならば、何故《なぜ》、今私の脳裏からは音楽が際限もなく湧き上がってくるのだろうか。私の想念は、新しい音楽になって、より具体的な姿をとって現れる。むしろ近年、この傾向は益々強くなっているではないか。

ふるさとの信夫山、阿武隈山地……それらを声楽曲にするか器楽曲にするかと、なかなか結論が出せないで悩むこともあるではないか。想念がまとまり構成を決めてしまえば、音楽が湧き出してくる。ふるさとの山々ばかりではない。私には私自身の日本全国音楽地図がある。無数の山、また数え尽くせないほどの幾筋もの川、それに湖沼も。町や昔ながらの村もある。人もいる。祭りもある。それらを思い浮かべただけでも、私は私の音楽で満たされる。日本列島そのものが、音楽になって響いてくる。そして、いつしか私の想念は大陸に渡っている。西域を通ってユーラシア大陸を西に向かう。シンフォニーが、合唱が、素晴らしい響きをもって迫ってくる。

どうして私は五線紙に書き取らないのだろう。「めんどう」だからなのか。違う。筆が間に合わないし、五線紙に書くこと自体がまだるっこいのだ。それよりは、ジッと耳をすましている方がいい。情景をしっかり思い浮かべさえすれば、私は新しい音楽が聞けるのだ。これこそが、この道一筋に歩んできた私に与えられた特権ではないかと思う。

しかし、私がこの特権に甘んじすぎているとS氏は強く抗議する。「昭和日本の通奏低音。これは私なりの、先生の音楽に対する一つの仮説的な位置づけです」と難しいことを言う。そして「もっと大作を作っていただいて、山田耕筰先生の系譜としての立場を明らかにし、音楽史上における位置づけも明確にしたい。さもないと、日本の文化を大切にする者として、また先生のファンとして許せない」と熱意を込めて語る。菊田さんが「古関さんをもう自由にしてあげていいのじゃないかい」とそばにいて言ってくれれば、と思った。

私は音楽をもって大上段に構えたことはない。使命感などと、そんな大それたものを振りかざしたこともない。好きだからこの道をまっすぐ歩いてきたのである。長いともまた短いとも思えるこの一筋の道、その間には確かにいろいろあった。私はとうとうこの道を「好き」で貫いてしまった。

そして今や、私にとって音楽は私が楽しむものとしてのみ意味を持ち始めている。が、S氏はそれでは納得できないと言う。しかし、S氏の強引ともいえる私の中への踏み込みに対して、それを非難する気持ちにはならなかった。温かいものを感じた。

私は期するところがあったので、とうとうつられて「乞う、ご期待です」と答えてしまった。

〈昭和五十五年二月二十七日〉

あとがき

もう七十歳に達した私。作曲家になって満五十年にもなった。思い起こせばさまざまなことがあった。数年前から、それらのことを書き残しておきたいと思っていた。

四、五年前のことである。家内の随筆グループの人から、私の戦前の〝ある日の随筆〟を頼まれて書いたところ、面白いから自伝を書いたらと、某出版社の社長を紹介された。

私はせっかくの申し出であるし、常々考えていたことであるから、この際何か書こうと筆をとる気になった。

少年時代の断片的な思い出から書き始め、妻の助言と浄書を頼りに、思い起こすままに筆を進めていた。ところが六か月たった時、契約した出版社が突然倒産してしまった。それでも家内は、せっかく書いたのだからとすすめてくれたが、急に面倒臭くなりそのままにしてしまった。

しかし、頭の片隅でいつもこのことが気になっていたので、昨年の春頃からまた続きを書き始めていた。

そんな時である。主婦の友社の出版部から同社のレコード全集の宣伝文を頼まれた。そこで打ち合わせが終わった後、書きかけの自伝のことを申し上げたら、「今まで書いた分だけでも読ませてください」というのでお渡しした。

数か月たって、「面白いから出版させてください」という連絡を受けたので、残った部分を書き上げた。

今読み返してみると、忘れてしまったことや書き残したことが随分ある。作曲ばかりを夢中でやっていたひとりの男の五十余年間を、思い出すままに書き並べたにすぎない。

妻の努力と、お世話になった主婦の友社の東さん、アート・サプライの進藤さん、吉沢さん、コロムビアの宮崎さん、他の皆様に、厚くお礼申し上げたい。

私の頭の中に残った残響の記録の断片である。

昭和五十五年四月

古関裕而

古関裕而略年譜

明治42年／　8月11日　福島市大町に生まれる。生家は呉服屋「喜多三」
大正3年／5歳　この頃父親が蓄音器を購入。レコードを聞く
大正5年／7歳　福島県師範学校附属小学校入学
大正7年／9歳　小学3年から6年まで担任遠藤喜美治先生に唱歌とつづり方を習う
大正8年／10歳　卓上ピアノで作曲を始める
大正11年／13歳　福島商業学校入学。この頃「喜多三」廃業
昭和元年／17歳　妹尾楽譜により本格的な作曲・編曲を始める
昭和2年／18歳　福島ハーモニカ・ソサイティーに入る
　ペンネームを「裕而」とつける
昭和3年／19歳　川俣銀行に勤務
　福島ハーモニカ・ソサイティー、仙台中央放送局記念番組に出演
昭和5年／21歳　6月　内山金子と結婚
　9月　コロムビア専属作曲家として上京

昭和6年／22歳　早大応援歌「紺碧の空」作曲
昭和7年／23歳　第一回レコード「福島行進曲」「福島夜曲」発売
長女雅子誕生
約3年間、ミヤタ・ハーモニカ・バンドで指揮のアルバイトをする
昭和9年／25歳　次女紀子《みちこ》誕生
昭和10年／26歳　「船頭可愛や」初のヒット作となる
昭和12年／28歳　妻金子と満州へ旅行
「露営の歌」作曲
菊田一夫氏と出会う「当世五人男」で初めてドラマ用の曲を作曲
昭和13年／29歳　中支従軍
昭和15年／31歳　「暁に祈る」作曲
昭和17年／33歳　南方慰問団派遣員となる
昭和19年／35歳　インパール作戦特別報道班員となる
昭和20年／36歳　約一か月間軍隊生活を送る
10月　NHK連続ラジオ・ドラマ「山から来た男」で、終戦後初めて菊田氏とコンビを組む
昭和21年／37歳　長男正裕誕生

昭和22年／38歳　7月　NHK連続ラジオ・ドラマ
「鐘の鳴る丘」放送開始（25年12月まで）
この頃から放送番組の音楽や流行歌、校歌・社歌など、
多方面の作曲で多忙となる

昭和24年／40歳　「長崎の鐘」作曲

昭和25年／41歳　「イヨマンテの夜」作曲

昭和27年／43歳　4月　NHK連続ラジオ・ドラマ
「君の名は」放送開始（29年4月まで放送）

昭和28年／44歳　NHK放送文化賞受賞

昭和31年／47歳　東京宝塚劇場にて、東宝ミュージカル
「恋すれど恋すれど物語」を初公演
胃潰瘍の手術をする

昭和32年／48歳　「忘却の花びら」がNHK連続ラジオ・ドラマの最後となり、
この後は菊田氏と共に舞台活動へと転進する
芸術座にて「暖簾《のれん》」を初公演
ミュージカルや劇場用ドラマの音楽、映画音楽など、
あらゆる分野にわたる作曲を手がける

昭和39年／55歳　東京五輪において行進曲「オリンピック・マーチ」作曲
昭和44年／60歳　紫綬褒章受章
昭和47年／63歳　札幌冬季五輪において「純白の大地」作曲
昭和48年／64歳　菊田氏死去。芸術座公演「道頓堀」が名コンビの遺作となる
昭和51年／67歳　早大大隈庭園内に「紺碧の空」の記念碑建立
昭和54年／70歳　福島商業学校時代の作曲「福商青春歌」の歌碑を母校校内に建立
福島市名誉市民となる
勲三等瑞宝章受章
レコード大賞特別賞受賞

古関裕而作品リスト

作曲総数をつかむことは、不可能に近いが、少なく見積もっても、五千曲以上と推定される。特に、NHK放送劇番組については、スコアを局に提出してしまう関係上、スコアの写しのあるもの以外は割愛せざるをえなかった。また、終戦後GHQの命令により時局色・戦時色の強い作品のスコアを焼却させられたため、この間の作品も不明となっている。

主な発売レコード
年代順タイトル一覧

昭和六年

福島行進曲
福島夜曲(せれなあで)
菅平高原の唄
拳闘小唄
満州遠征の歌
山の唄
平右エ門
カッポン歯入れや
大邱行進曲
日米野球行進曲
紺碧の空
輝く吾等の行くて
日本のお母さん
酒屋の小僧さん

昭和七年

元山行進曲
山のあけくれ
想い出の径
時雨する頃
大連行進曲
八戸行進曲
我らの平壌
阿里山小唄
負傷兵士を労りませう
大空軍行進曲
千結び

青春歌譜
恋の哀愁（エレジー）
立てよ若人
室蘭小唄
我等の満州

昭和八年

萬里の長城
月は宵から
スキー行進曲
五色旗の下に
郷土の唄
限りなき舗道
外務省警察歌
春のうたげ
街の唄
をどり踊れば
麗しの瀬戸内海
青森市民歌
日本アルプス行進曲
山形県スキー小唄

昭和九年

佐賀はよいとこ
都市対抗野球行進曲
北見小唄
哈爾賓小唄
利根の舟唄
旅順行進曲
山は六甲
春の哀歌（エレヂー）
踊ろよアミー
大号令行進曲
大連祭
君故に
河原すすき
別れの出船
みなと尾道
乙女の春
あゝ誰故に
相生小唄
京はよいとこ
九州よいとこ
キャムプの夢
義人村上
晴れて逢ふ夜は
宮崎県民歌
銀翼光る
力の聖歌
守れ台湾
別れの出船

昭和十年

暁に唄ふ
暁の旅路
秋空高く
キャピタル新京
あなたまかせ
青い芒
輝く青春
落葉の路
沖のかもめ
海のジプシー
一本椿
桂小五郎の唄
一九三六年
瀬戸の三日月
瀋陽小唄
新満洲小唄
白帆は飛ぶ
月のキャムプ
峠の雨
大都大阪
大楠公の歌
船頭可愛や
長崎唐人ばやし
泣いたとて
伸びゆく朝鮮
野茨の花
ヒュッテの一夜
平よいとこ
多摩の流れ
岬の灯り
吹雪峠
躍進台湾
躍進の宇部
丸八ばやし
三日月船
わしゃ帰る
もしも気儘に

昭和十一年

浅間いとしや
あの山越えて
嵐を衝いて
愛の揺籠
愛の峠路
愛すればこそ
おまへ思へば
落葉恋慕
丘の夢
大富山行進曲
大島くづし
遠州ばやし
恋の小島
黒馬よ急ぐな
串本そだち
キャムプは更けて
銀盤のワルツ
来たよ敵機が
～わが家の防空のために～
観光名古屋
仮寝の夢
金沢をどり
輝く春
別れ行く影
青春のパラダイス
青春狂想曲
青春を讃へよ
菅平シーハイル
シューベルトの恋
産業日本の歌
酒呑めど
月の国境
忠臣蔵の唄
月の夜舟
峠の細道
大敦賀行進曲
空を仰げば
戦友の唄
鳥追ひ娘
となりの娘
都会の感傷
主は舟乗り
日の丸ぶし
ただ何となく
旅の歓喜
漂泊の人々
拓けゆく樺太
緑の大地
みどりの高原
ミス仙台
二人のアルバム
僕の奥さん
保甲壮丁団行進歌
保甲壮丁団々歌
波浮の夕凪
浜のたそがれ
浜は九十九里
春のつばさ
春は自動車に乗って
汎太博行進曲
夢の大島
夜霧朝霧
米山三里
港のわかれ
女をと人形
躍進四日市
八幡行進曲
山で暮らせば
山の娘
山の村雨
山は青空
街かどの唄
松島時雨
ミス東北
ミス秋田
米山三里
山は初雪
恋の舟乗り
戦友の歌

昭和十二年

浅間の煙
明日会社が休みなら
浅草の灯
恋無情
秋風に泣く
愛のつばさ
乙女の純情
おはら浜唄
乙女の夢
オルソ清津

帰らぬ荒鷲
輝く収穫
乙女十九
男二十六
落葉の夢
沖の黒船
海の若人
慰問袋を
命捧げて
命がけだよ
勇む若駒
国境の旗風
心の青空
こがれ涙
皇軍入城
航空青年の歌
恋は花よりまだ赤い
グライダー練習の歌
キャムプの朝
希望の行進曲
釜石市民歌
神風歓迎歌
我がチーム

露営の歌
別れのトロイカ
赤十字を讃える歌
青春の花園
青春航路
すみれ咲く頃
勝利の乾杯
出征の歌
塹壕夜曲
サーカス娘
今宵出征
チェリー日本
田家の雪
峠の馬子唄
壮烈爆撃少年兵
飛ばせかっ飛ばせ
鳴門くもれば
波の時
泣くな比芙美
啼くな千鳥よ
高雄みなと節
たそがれの浜
楽しい遠足

楽しい我が家
楽しや人生
弾雨を衝いて
広島娘
ミナト青森
北海博をどり
母を讃える歌
花見をどり
華やかな突撃
花祭りばやし
バナナ娘
花ごよみ
馬賊の唄
函館市民歌
君は微笑む
雪の陣営
夜船の夢
黎明の満洲
みんな夢だよ
躍進青森
躍進一九三八年
山の夕霧
勇士を送る歌

街の紅唇曲
街のヂンタ
郷土だより
泉のほとり

昭和十三年

憧れの荒鷲
愛の聖戦
愛国譜
愛国の花
想ひでの歌
糸ぐるま
沓掛夜旅
局歌
郷土部隊進軍歌
北山おろし
かもめ
若き日の感激
戦線ハリキリ勇士
戦線警備の歌
戦場吹雪
戦捷二五九九年
戦場だより

戦捷ざくら
鈴蘭峠
主の凱旋
銃後の想い
銃後県民の歌
銃後県民行進曲
島の総動員
さくら進軍
紺碧の大空
月夜の子守唄
抱いた坊やの
第三師団進軍歌
続露営の歌
利根の河原に
南京陥落
鳴門しぶき
大陸の歌
北鎮勇士讃歌
牧場の小径
母の歌
翔けよ若鷲
長谷川部隊行進曲
ばら色のたそがれ
万博をどり
揚子江の舟唄(女性歌手)
黎明東亜曲
麦と兵隊
躍進大甲
街の花売娘
朝陽映島
春の島唄

昭和十四年

脇坂部隊の歌
荒鷲小唄
荒鷲慕ひて
家のたより
還らぬ荒鷲
輝く亜細亜
歌と兵隊
国都音頭
曠野の花
興亜進軍
軍神西住大尉
君楽し我うれし
「戦線」の歌
戦場花づくし
戦時市民の歌
世紀の春
支那むすめ
三国一の君じゃもの
この母この子
小鳥が啼く日
タンゴ夜空
月のバルカローラ
続露営の歌
ビル街の麗人
防空青年の歌
報道挺身隊の歌
星月の歌
母恋ふたそがれ
花の亜細亜に春が来る
排共の歌
春に歌ふ
黎明の大陸に
野球の王者
マドロス行進曲
満洲恋しや
満洲鉄道唱歌
若人の丘
乙女の戦士
女学生日記
嘆きの白百合

昭和十五年

暁に祈る
嗚呼北白川宮殿下
乙女の首途
乙女の歌
丘の花蔭
畝傍の松風
イスラームの娘
泉のほとり
荒野の涙
興安吹雪
御稜威あまねき
空の船長
南洋行進曲
浪花女
光に立つ
大陸航路
起てよ女性

旅の松花江
春を呼ぶ自動車
揚子江の舟唄（男性歌手）
蒙古の花嫁さん
わすれな草
スベリ台、ノボリ台
かへり道の歌
ザコトリ

昭和十六年

新しき道
赤子の歌
仰ぐ御稜威の
愛の赤十字
思ひ出草
おらんだ草紙
男心は波に聴け
丘のそよ風
海の進軍
国民総力の歌
国民恤兵歌
国民皆労の歌～若い戦士～
元気で行かうよ
君よ共に歌はん
我輩は猫である
「戦陣訓」の歌
戦場想へば
新世紀の歌
七生報国
山西討伐行
東亜地理歌
東洋の舞姫
大日本女学生の歌
怒濤萬里
日本子守唄
南進男児の歌
南進乙女の歌
豊年節
花と乙女
みんなそろって翼賛だ
忘れじの歌

昭和十七年

新しきわが家
アメリカ爆撃
大きくなったら兵隊さん
国民皆働の歌
行進曲・防空監視の歌
皇軍の戦果輝く
元気で皆勤
感激の合唱
若い戦士
シンガポール晴れの入城
宿舎の窓で
痛快ぶし
断じて勝つぞ
大東亜建設大博覧会会歌
大東亜戦争陸軍の歌
空征く日本
空の軍神
野末の十字架
主はつはもの
日本の母
起てよ印度
誰を待つやら
防空監視の歌
僕等が立たずに誰が立つ
半島決戦だより
村は土から
いやさか

昭和十八年

海を征く歌
決戦の大空へ
我が家の風
シナジヘン
大南方軍の歌
戦ふ東條首相
みなみのつはもの
若鷲の歌

昭和十九年

輝く黒髪
海の初陣
撃ちてし止まむ
一億迎へ撃つ
かちどき音頭
決戦の海
制空戦士
水兵さん
台湾青年の歌
母も戦さの庭に立つ

ヨカレン節
あの旗を撃て
雷撃隊出動の歌
比島決戦の歌

昭和二十年

神風特別攻撃隊の歌
台湾沖の凱歌
翼の神々
フィリピン沖の決戦

昭和二十一年

乙女心は
いとしき唄
駒鳥は啼けど
片割れ人形
立ち上り音頭
旅すがた
一九四七年への序曲
岬の雨
ピンクの封筒
牧場は晴れて
若き旅愁

昭和二十二年

乙女の星座
伊那の夕月
いとしき泣きぼくろ
雨のオランダ坂
朝は呼ぶ
浅間可愛や
赤き実
愛の星
鐘は鳴る
とんがり帽子
バラ咲く小径
白鳥の歌
三日月娘
メリー・ゴーラウンド
牧場の祈り
夕波ちどり
雪娘
夢淡き東京
若人の歌
夜更けの街
流浪の踊り子
流れの旅芝居
紫すみれ
誰方にあげましょ

昭和二十三年

大島つばき
雨の日も風の日も
愛の花束
恋し大阪
国境の灯
桜ばやし
風の子
たそがれの広告塔
匂い刷毛
青春の門
幻の笛
みどりの歌
ふるさとの土
平和の花
わたしのレコード
若き日のエレジー
夜のひまわり
ミモザの花

昭和二十四年

茨城夜曲
いとし吾子
あの子もこの子も
あじさゐの唄
恋知りて
恋は珊瑚珠
島原のあねしゃま
鐘の鳴る丘
風の口笛
俺はマドロス
長崎の鐘
毒薔薇の唄
名古屋かっぽれ
懐かしの乙女
流れる星は生きている
全国高等学校野球選手権大会の歌
水郷音頭
幻の故郷
北極星の下に居て
よしきたよい子だ
南の星よ

歌で行かうよ
小原庄助さん
フランチェスカの鐘

昭和二十五年

おぼろ小唄
おぼろ駕籠
美しきアルプスの乙女
アルプスの歌
愛の旗かげ
古城の乙女
佐々木小次郎旅姿
珊瑚の島唄
純情航路
ドラゴンズの歌
白衣の花
薔薇と蜜蜂
春はむらさき
羽衣
街角の木陰で
みどりの山河
母の調べ
母は淋し
母を尋ねて　クロちゃんの歌
私のドラゴンズ
揺れる青空
りんごの花びらこぼれる駅に
イヨマンテの夜
恋の乙女(メノコ)
駒鳥のランタン

昭和二十六年

アムールの歌声
少年の歌
日本の乙女
あこがれの郵便馬車
憧れのトロイカ
明るい歌声
紅い扇
キューピーちゃんのおすもう
ぎやまん月夜
恋の人魚
恋を呼ぶ歌
さくらんぼ道中
さくらんぼ大将
長崎の雨
ドレミハ先生
ニコライの鐘
PTAの歌
デカドン節
赤道祭の歌
東京の雨
白いランプの灯る道
廣島娘
廣島よいとこ
忘れない歌
若人の歌
吾子と歌はん
夜の裏町
らくだの鈴
ミモザの娘

昭和二十七年

おらのぢいさまおやぢのおやぢ
襟屋の娘
海は生きている
ああ若草は萌ゆれども
三色すみれ
汽笛が消えてゆく港
かた恋月夜
第7回国民体育大会讃歌
利根の恋唄
東京ノスタルジア
ジロリンタンのうた
緑から緑から
花のいのちを誰が知る
夜船の灯り

昭和二十八年

海の子山の子
美しき高原
雨の日暮れて
青いランプの並木道
ああふるさとは雲の果て
黒百合の歌
君の名は
君いとしき人よ
花咲く街
花のいのちは
ママのひとりごと
モンテカルロの夢
みどりの雨

みどりの馬車
富士をたたえる歌
真菰の雨
哀唱
ひめゆりの塔

昭和二十九年

おばこブルース
綾の歌
秋草の歌
高原列車は行く
赤いハンドバック提げて
君は遥かな
高原の花
サロマ湖の歌
島原の子守唄
寒椿の歌
鴎の笛
金沢小唄
長崎音頭
長崎小唄
百万石音頭
東山甚句
チャンドラムの夜
月蒼くして
青春の言葉
青春の旅路
スッチョン節
数寄屋橋エレジー
福島音頭
花のいのちを
忘れ得ぬ人
夢よび草
湯本小唄
むすめ島唄

昭和三十年

我が家の灯
若き瞳の燃ゆるとき
由起子はいつも
夢はるかなるロマンス
あなたがくれたオルゴール
みおつくしの鐘
母をしのぶ歌
花のスケーター
花売馬車
春の嵐に
光のつばさをもつぼくら
ノサップ岬に立ちて
トモコの花売娘
君美しく
海の歌
あさあけの風のしらべに
赤いカンナの花咲けば

昭和三十一年

メコンの舟歌
マナスルの月
馬賊の歌
長崎の唐人娘
ソーニャ
さすらいの唄
ゴビの沙漠
午後八時十三分のブルース
午後八時十三分
ガンヂス河は流れる

昭和三十二年

忘れじの午後八時十三分
われら光の子
街の時計屋さん
緑のワルツ
忘却の花びら
ばてれん船
二本松少年隊
荷物片手に
ねんねこお山
登山電車で
東京の瞳
大学の侍たち
スポーツの鐘がなる
人工衛星空を飛ぶ
男の胸に点る灯は
海の旅情
あの人だけに

昭和三十三年

真赤なベレー
ふるさとの花
星空千里
花嫁さんはロバで行く
スポーツの花

十一人の越冬隊
希望の鐘

昭和三十四年

若い仲間の歌
母は呼ぶとも
悲常の窓
長崎の兄妹
人生ジャンプの歌
雲が呼んでる
木彫りの熊人形
浅草ばやし
麦ふみ
ヘリコプターで行きましょう
雨が降る街角

昭和三十五年

ふるさとの風
まごころの花
花のスカイライン
磐梯吾妻小唄
渚に泣く女
貝がら小径

いろり物語

昭和三十六年

夕月
ハモニカ小僧
白鳥は北へ帰る
遥かなる幾山河
虹の国から
この国は
君のその手で
からゆきさん
おんぼろ親子
大いなる故郷

昭和三十七年

まったくほんとに
姫ゆり部隊の歌
さぼてん囃子
恋知りはじめて
えびの小唄
会津磐梯さん
ああ姫ゆりの花

昭和三十八年

花散りぬ
女人流転
大菩薩峠
せせらぎの唄
サン・マルコの鐘
巨人軍の歌
乙女の十字架
海を遥かな
あの橋の畔で

昭和三十九年

ユースホステラーの歌
ユースホステラーさん
陽気で好かれる
マリアさまとイエス様
僕の恋人
花をたむけてねんごろに
日の丸の歌
オリンピック・マーチ
オリンピック日の丸音頭
生きるよろこび

昭和四十年

ああ鶴ケ城
ああ青春の鐘がなる
終着駅
若いいのち
若い夜
森も丘も谷も
日の丸あげて
地中海の女

昭和四十一年

スカーレット・オハラ
タラの歌

昭和四十二年

京のひと
かくれて泣いて
あいつの消えた雲の果て

昭和四十三年

早慶讃歌～花の早慶戦～
恋の火の鳥

昭和四十四年

青春の鐘
幸せを抱こう
白鳥のねがい

昭和四十五年

木のぼり太右衛門
むかしの仲間
ニコニコ・マーチ
すずらんの花

昭和四十六年

スケーター・ワルツ
純白の大地
弘道館の男
決断
男の城
男ぶし
海を行く

昭和四十七年

幸福という名の駅
コショロ物語
新しい笛
幸子の子守唄

昭和五十年

日本晴ればれ音頭
別れの鐘

昭和五十二年

津和野慕情

※「ラバウル海軍航空隊」は、戦時中にヒットした作品であるが、ビクター専属の佐伯孝夫が作詩、灰田勝彦歌唱のため、レコードはビクターより発売された。すべてコロムビアより発売されている中で唯一の例外レコードといえる。
なお「白鳥の歌」は、音楽の友社刊「改訂新版高校生の音楽一年」に採用されている。

主な音楽担当放送番組一覧

NHKラジオ「日曜名作座」

昭和三十二年四月から五十五年五月まで（ ）内は原作者名

人生劇場・青春編（尾崎士郎）
カチカチ山・瘤取・舌切雀（太宰治）
無法松の一生（岩下俊作）
あるぷす大将（吉川英治）
あにいもうと（室井犀星）
駅前旅館（井伏鱒二）
つむじ風（梅崎春生）
みみづく説法（今東光）
花と竜（火野葦平）
誘惑（伊藤整）
風林火山（井上靖）
わが町（織田作之助）
樅ノ木は残った（山本周五郎）
子を貸し屋（宇野浩二）
桜島（梅崎春生）
英語屋さん・喧嘩太郎・ミスそろばん・台風さん（源氏鶏太）
甲府在番・西郷札・怖妻の棺・雀一羽（松本清張）
庖丁（丹羽文雄）
諸国猟人譚・おしゃれ正太郎・だまされ双六・腹切り源造・連れ出し清兵衛（戸川幸夫）
放浪記前後（林芙美子）
白頭吟（石川淳）
坊つちゃん（夏目漱石）
ビルマの竪琴（竹山道雄）
競馬（織田作之助）
霧の中（田宮虎彦）
杏っ子（室生犀星）
署長日記（伊藤永之助）
おバカさん（遠藤周作）
城下の人・曠野の花・望郷の歌・誰のために（石光真清）
紀ノ川（有吉佐和子）
エル・ドラドのおけい（木村毅）
淀どの日記（井上靖）
下界の人（井上友一郎）
苦の世界（宇野浩二）
高野聖・歌行燈（泉鏡花）
リツ子その愛その死（壇一雄）
異郷の帆（多岐川恭）
おはん（宇野千代）
円朝（小島政二郎）
親馬鹿の記（尾崎一雄）

旅愁（横光利一）
海賊商人（南條範夫）
其面影（二葉亭四迷）
笛吹川（深沢七郎）
石中先生行状記（石坂洋二郎）
鑿師（平岩弓枝）
はぐれ念仏（寺内大吉）
楡家の人々（北杜夫）
城砦（井上靖）
葛飾北斎（小島政二郎）
一匹の犬が二匹になる話・聖ジュリアン・王を懐いて罪あり・聖ニコラウスの夜（森鷗外翻訳選より）
鬼の居ぬ間（源氏鶏太）
けむりよ煙（永井龍男）
功名が辻（司馬遼太郎）
無頼の英霊・塩百姓・夏の餅・とうがらし・桐の木の怪（獅子文六）
牡丹燈籠（三遊亭円朝）
大風呂敷（杉森久英）

虞美人草（夏目漱石）
わが恋せし淀君（南條範夫）
浅茅が宿・菊花の約・吉備津の釜・蛇性の婬・夢応の鯉魚（上田秋成）
春雨物語（上田秋成）
新橋ステーション（上田広）
人生劇場・残侠編（尾崎士郎）
蒼き狼（井上靖）
鳥取のふとんの話・青柳の話・鏡と鐘・破約（小泉八雲）
吾輩は猫である（夏目漱石）
さぶ（山本周五郎）
珍品堂主人（井伏鱒二）
大阪の宿（水上滝太郎）
富岡先生（国木田独歩）
おぼろ駕籠（大仏次郎）
課長さん（源氏鶏太）
鷲・西爪・影を踏まれた女・笛塚（岡本綺堂）
戦国風流武士（海音寺潮五郎）
士こね記（山手樹一郎）
栄化物語（山本周五郎）

風のかたみ（福永武彦）
夜の声（井上靖）
青玉獅子香炉（陳舜臣）
夕日武者（中山義秀）
猫と庄造と二人の女（谷崎潤一郎）
伯林一八八八年（海渡英祐）
南総里見八犬伝（曲亭馬琴）
おくま嘘歌・べえべえぶし・安芸のやぐも唄（深沢七郎）
無名碑（曽根綾子）
セロ弾きのゴーシュ・土神と狐・注文の多い料理店・二十六夜（宮沢賢治）
椿の散るとき（伊藤桂一）
さびしい王様（北杜夫）
世はぬき取りの観音の眼・子が親の勘当逆川を泳ぐ・家主殿の鼻柱・浪風静かに神通丸・五日帰りにおふくろの意見・門柱も皆かりの世・小判は寝姿の夢・長刀はむかしの鞘（井原西鶴）

玉嶺よふたたび（陳舜臣）
赤ひげ診療譚（山本周五郎）
我等はエジソン・女の決闘・嘘つくべからず・軽井沢（遠藤周作）
白昼堂々（結城昌治）
海の幸（渡辺喜美子）
心中天の網島・丹波の与作・待夜の小室節・堀川波鼓（近松門左衛門）
笛師（新田次郎）
骨董一代（田中未知）
父子鷹（子母沢寛）
オホーツク老人（戸川幸夫）
屑たばこの唄（山口瞳）
浮世床（式亭三馬）
あやかしの鼓（夢野久作）
秀吉と利休（野上弥生子）
石版東京図絵（永井龍男）
明治太平記（海音寺潮五郎）
筒井順慶（筒井康隆）
大つごもり（樋口一葉）
四角な船（井上靖）

藪の中（芥川龍之介）
黒髪（近松秋江）
すみだ川（永井荷風）
にごりえ（樋口一葉）
モッキンポット氏の後始末（井上ひさし）
真珠夫人（菊池寛）
幽霊塔（黒岩涙香）
北京悠々館（陳舜臣）
書道教授（松本清張）
焚火（水上勉）
鏡の国のアリス（広瀬正）
どですかでん・親おもい・プールのある家・とうちゃん・牧歌調（山本周五郎）
孤愁の岸（杉本苑子）
ほら男爵現代の冒険（星新一）
孫子（海音寺潮五郎）
峠（司馬遼太郎）
歌枕（中里恒子）
風の音（宇野千代）
今昔物語・紬の里（立原正秋）
美しい星（三島由紀夫）

真砂屋お峰（有吉佐和子）
二重心臓（夢野久作）
人でなしの恋・人間椅子（江戸川乱歩）
黄泉から・白雪姫（久生十蘭）
子をつれて（葛西善蔵）
巌窟王（黒岩涙香）
炎の舞い（津村節子）
石狩川（本庄陸男）
鰐を連れた男（長部日出男）
あらくれ（徳田秋声）
羅生門・偸盗・鼻・地獄変（芥川龍之介）
百鬼園夜話（内田百閒）
重き流れに（佐多稲子）
オセロ・マクベス・ヴェニスの商人・リヤ王（シェイクスピア）
幻燈辻馬車（山田風太郎）
宮本武蔵（吉川英治）
怪盗ジバコ（北杜夫）
乾いた河（川崎長太郎）
馬淵川（渡辺喜恵子）
わだばゴッホになる（棟方志功）

警視庁草紙（山田風太郎）
蘆火野（船山馨）
時雨の記（中里恒子）
ひかげの花（永井荷風）
下町探偵局（半村良）
滝沢馬琴（杉本苑子）
鶴の来る町（水上勉）
岩伍覚え書（宮尾登美子）
星と祭（井上靖）
夢・桃中軒牛右衛門（宮本研）
海の道（三浦哲郎）
一茶（藤沢周平）
山本周五郎短編集七話（山本周五郎）
地の果ての獄（山田風太郎）
どくろ杯（金子光晴）
旅芸人翔んだ！（草彅紘一）

なお、四十九年十一月。日本文学振興会から、十七年間にわたり、ラジオ文芸として、日本文学の理解普及に努めた功績によって「菊池寛賞」を受ける。

NHKラジオ・ドラマ

昭和十二年十二月から三十四年三月まで（　）内は作者名

当世五人男（村上浪六）
八軒長屋（村上浪六）
思い出の記（徳富蘆花）
山から来た男（菊田一夫）
鐘の鳴る丘（菊田一夫）
西遊記（徳川夢声）
さくらんぼ大将（菊田一夫）
君の名は（菊田一夫）
アラビアン・モーニング（徳川夢声）
由起子（菊田一夫）
忘却の花びら（菊田一夫）

この他、「若草の歌」「敦煌」「パノラマ劇場」「螢の宿」「白鳥の国にて」「大盗大助」「鷗」「屏風の女」「ナガサキ」「道産子タロー」「人間の条件」「千鳥なく」「水戸黄門漫遊記」「東京シンデレラ」「開かれぬ手紙」「夜光する顔」「駒鳥夫人」「永遠の壁画」「黒百合夫人」等、数多くの番組を担当する。

NHKテレビ・ドラマ

天狗三郎伝
たんぽぽ小僧
海に花咲く
アルプスの少女
北京のたそがれ

民間放送テレビ・ドラマ

NTV
タッちん君の冒険
ホンコン・ジョー
東海道は日本晴れ
TBS
虹の国から
バラふたたび
五月の森の物語
真珠は答えず
ミスター浦島
赤坂ふらんす亭
フジテレビ
銀座裏午後二時
NET
螢の宿

細雪
今日を限りの
夫婦物語

主な音楽担当演劇演目一覧

劇場上演々目

昭和十三年四月から四十四年六月まで　東京宝塚劇場・帝国劇場・有楽座・歌舞伎座・明治座・梅田・新宿コマ劇場・その他劇場

ロッパと兵隊
ちょんまげ分隊長
歌う金色夜叉
孫悟空
鐘の鳴る丘
縮図
芸者秀駒
恋すれど恋すれど物語
俺は知らない
極楽島物語
百舌と女
姿なき犯罪
パンと真珠と泥棒
俺は忍術使い
金瓶梅
葉室烈人の恋
すっぽん
メナムの王妃
母は嘆かず
爆笑忠臣蔵
アイヌ恋歌
愚かなる母
すれちがいすれちがい物語
夜な夜な中納言
母の鐘鳴る
混血児
事件記者
新平家物語
松川事件
女の一生
バリ島物語
権三と助十
たけくらべ
参謀命令
お蝶の恋の物語
浅草の灯
流浪物語
最後の一兵
荒海をゆく男
夢見るお蝶
火の鳥の歌
好色一代男
悲恋おんな坂
比叡颪し
道化師
敦煌
雲の上の団五郎一座
花と野武士
春・花びらの
スター誕生
野ばらの城砦
香港
剣豪と牡丹餅
怪盗鼠小僧
女を売る船
春鶯囀
大工一代

仏陀と孫悟空
風流滑稽譚
霧に消えた男
春や春物語
あの橋の畔で
雲の上の団五郎一座
恐妻侍の死
竹弥七変化
鬼三味線
蒼き狼
とぶ雪
湯島切通し
螢
国姓爺合戦
さぶ
意外なる歴史
雲の上の団五郎一座故郷へ行く
おぼろ夜ばなし
むさし野兄弟
小袖ざくら
甲府在番
雨の面影坂
ぼんち
風と共に去りぬⅠ
津軽めらしこ
三国志
風と共に去りぬⅡ
柳橋物語
朱雀門
風と共に去りぬⅢ
まぼろしの邪馬台国
浪花百年
若きウェルテルの悲しみ

東京芸術座上演々目

昭和三十二年四月から四十七年十二月まで

暖簾
ながれ
風雪三十三年の夢
まり子自叙伝
花のれん
大和撫子
がっこの先生
興行師まり子
今日を限りの
がめつい奴
天皇のベッド
がしんたれ
花咲く港
お鹿婆さん東京へ行く
放浪記
放浪記
怪盗鼠小僧
悲しき玩具
丼池
高慢の鼻
浅草瓢箪池
銀座残酷物語
濹東綺譚
終着駅
霊界様と人間さま
細雪
女紋
海猫とペテン師
道修町
縮図
あかさたな
太宰治の生涯
雑喉場
さぶ
雪国
女坂
夜汽車の人
道頓堀

主な音楽担当劇場用映画題名一覧

昭和二十二年三月から四十六年一月まで（　）内は製作会社名

音楽五人男（東宝）
新馬鹿時代（東宝）
タヌキ紳士登場（東宝）
鐘の鳴る丘・第一編（松竹）
風の子（東宝）
鐘の鳴る丘・第二編（松竹）
毒薔薇（大映）
谷間の少女（教育映画）
鐘の鳴る丘・第三編（松竹）

彼女は答える（京都松竹）
海の野獣（都市松竹）
小原庄助さん（新東宝）
おどろき一家（東映）
エノケンの天一坊（東宝）
なやまし五人男（東映）
エノケンの大放送（新東宝）
母の調べ（京都松竹）
氷柱の美女（大映）
素晴らしき求婚（東宝）
オオ！　細君三日天下（東映）
母（京都松竹）
母情（新東宝）
七ツの妖星（京都松竹）
長崎の鐘（松竹）
謎の人形師（東宝）
ドレミハ先生（教育映画）
メスを持つ処女（東宝）
吾子と唄う（東宝）
霧の夜の恐怖（大映）
若人の歌（東宝）
大当りパチンコ娘（新東宝）
ラッキーさん（東宝）

安宅家の人々（大映）
金の卵（東宝）
美代の願い（東宝）
まぼろしの女（東宝）
恐妻時代（東宝）
親馬鹿花合戦（新東宝）
ひめゆりの塔（東映）
権九郎旅日記（新東宝）
江戸ッ子判官（東映）
乙女の診察室（京都松竹）
残波岬の決斗（新東宝）
憲兵（新東宝）
君の名は・第一部（松竹）
太平洋の鷲（東宝）
この恋五千万円（東宝）
君の名は・第二部（松竹）
かくて夢あり（日活）
君の名は・第三部（松竹）
芸者秀駒（ニッポン・プロ）
花のいのちを（大映）
君の名は・総集編（松竹）
荒城の月（大映）
人斬り彦斉（日活）

からたちの花（日活）
森蘭丸（日活）
皇太子の花嫁（新東宝）
赤いカンナの花咲けば（東京映画）
由起子（中央映画）
娘の人生案内（大映）
愛の歴史（東京映画）
現行犯を捕えよ（大映）
母なき子（日活）
十代の反抗（大映）
君美しく（松竹）
浅草の灯（大映）
ボロ靴交響楽（東京映画）
恋すれど恋すれど物語（宝塚映画）
満ちてくる潮（東映）
愛の海峡（大映）
夕日と拳銃（東映）
午後八時十三分（大映）
極楽島物語（宝塚映画）
忘れじの花びら（東宝）

忘れじの午後八時三十分（大映）
雨情（東京映画）
永すぎた春（大映）
忘却の花びら（東宝）
真昼の対決（大映）
大学の侍たち（東宝）
東京の瞳（大映）
母（大映）
愛河（大映）
弥次喜多新道中記（東宝）
赤線の灯は消えず（大映）
共犯者（大映）
ごめん遊ばせ、花婿先生（大映）
弥次喜多道中双六（東宝）
男十九の渡り鳥（大映）
初夜なき結婚（東映）
母のおもかげ（大映）
大学の二八人衆（東宝）
稲尾物語（東宝）
東京の女性（大映）
がめつい奴（東宝）
社長道中記（東宝）

モスラ（東宝）
愛染かつら（松竹）
あの橋の畔で・第一編（松竹）
放浪記（宝塚映画）
あの橋の畔で・第二編（松竹）
続愛染かつら（松竹）
あの橋の畔で・第三編（松竹）
あの橋の畔で・第四編（松竹）
伸銅物語（新理研）
動乱のベトナム（新理研）
甦える大地（北日本映画）
いっしょに歩む（東映）

主な学校関係 歌・作曲リスト

大学関係

早稲田大学応援歌「紺碧の空」（昭和六年作曲・本曲は、レコードのリスト重複記載）
慶応義塾大学応援歌
「我ぞ覇者」
城西歯科大学校歌
城西大学校歌
明治薬科大学校歌
神奈川歯科大学校歌
名城大学応援歌
神奈川歯科大学応援歌
名城大学記念祭歌
聖マリアンナ医科大学校歌
東北大学工学部
「鉱山学科の歌」
横浜市立大学校歌
日本女子大学学生歌
明治大学応援歌
「紫紺の旗の下に」
他

短大・高専関係

京都嵯峨美術短期大学校歌
宮城工業高等学校校歌
神奈川県
幾徳高等専門学校校歌
東京都立工業専門学校校歌
広島県福山女子短期大学校歌
福井県
福井工業高等専門学校校歌
他

高等学校関係

早稲田高等学校校歌
香椎工業高等学校校歌
青森市青森山田学園校歌
旧制水戸高等学校
六〇年祭讃歌
長崎県島原工業高校校歌
福島県喜多方工業高校校歌
福島県喜多方工業高校応援歌
三津田高等学校校歌
会津高等学校校歌
静岡県
静岡学園高等学校校歌
久留米高等学校校歌
静岡県静岡学園校歌
福島県
中村女子商業学校校歌
国府台高等学校校歌
鞍手高等学校校歌
岐阜県高山高等学校校歌
築館高等学校校歌
原町高等学校校歌
高岡北部高等学校校歌
大阪市立東高校校歌
善通寺第一高等学校校歌
若松高等学校校歌
野方学園高等学校校歌
四日市高等学校応援歌
三重県
宇治山田商業高等学校校歌
彦根東高等学校校歌
山形県高畠高等学校校歌
鹿児島県大口高等学校校歌
今金高等学校校歌
戸畑高等学校校歌
福島工業高等学校校歌
取手第二高等学校校歌
大牟田学園高等学校校歌
福岡工業高等学校校歌
香椎高等学校校歌
員弁（イナベ）高等学校校歌
福岡県東福岡高等学校校歌

南会西部高等学校校歌
戸畑高等学校応援歌
早稲田実業高等学校応援歌
西田川高等学校校歌
精華学園校歌
福島商業高等学校校歌
福島商業高等学校青春歌
八幡工業高等学校校歌
大阪女子学園の歌
塙高等学校校歌
都立農産高等学校校歌
名古屋市立
工業高等学校校歌
小浜高等学校校歌
北川工業高等学校校歌
他

中学校関係

福島県古殿中学校校歌
福島県
東和町東和中学校校歌
茨城県
結城市立結城南中学校校歌
秋田市秋田北中学校校歌
宮城中学校校歌
早稲田中学校校歌
埼玉県八潮中学校校歌
向陽中学校校歌
福島県本宮第一中学校校歌
福島県矢吹中学校校歌
京都市立加茂川中学校校歌
大田区大森第九中学校校歌
宮津中学校校歌
高田中学校校歌
大仁中学校校歌
府中第二中学校応援歌
府中第二中学校校歌
福島市立福島第四中学校校歌
大甕中学校校歌
日光中学校校歌
尾山台中学校校歌
新湊東部中学校校歌
白河中央中学校校歌
小清水中学校
福島第四中学校校歌
馬込中学校応援歌
相馬市中村第二中学校校歌
真野中学校校歌
小浜中学校校歌
赤沢中学校校歌
中畑中学校校歌
小名浜第一中学校校歌
荒舘中学校校歌
移中学校校歌
草野中学校校歌
信夫中学校校歌
高瀬中学校校歌
鷺浦中学校校歌
保原中学校校歌
東浦和中学校校歌
石井中学校校歌
飯豊中学校校歌
川俣中学校校歌
新宿中学校校歌
多田野中学校校歌
坂下中学校校歌
府中第二中学校生徒歌
鶴ヶ島中学校校歌
鹿島中学校校歌
一之台中学校校歌
議泉中学校校歌
静岡市安東中学校校歌
喜多方第二中学校校歌
府中第三中学校校歌
旭中学校校歌
河沼郡湯川中学校校歌
近津中学校校歌
他

小学校関係

小牧市立小木小学校校歌
福島県いわき市
汐見が丘小学校校歌
山梨県
竜王町立南小学校校歌
福山市立駅家東小学校校歌
福島県月舘小学校校歌
幾世橋小学校校歌
神戸大学附属小学校
創立一〇〇周年を祝う歌
広島県
府中市立明郷小学校校歌

湊第二小学校校歌
福島県
相馬市立八幡小学校校歌
藤沢市藤沢小学校校歌
堂島小学校校歌
葛飾区飯塚小学校校歌
千葉県大多喜小学校校歌
福島県富成小学校校歌
三ツ渕小学校校歌
静岡県川崎小学校校歌
矢祭町立石井小学校校歌
浜町小学校校歌
福島県中村第一小学校校歌
経堂小学校校歌
修多羅小学校校歌
福島第三小学校校歌
山田第一小学校校歌
金曽木小学校校歌
赤木小学校校歌
久之浜第一小学校校歌
会津若松市鶴城小学校校歌
町田第一小学校校歌
成増小学校校歌
藤田小学校校歌
板橋第四小学校校歌
精華小学校校歌
松里小学校校歌
富山県速星小学校校歌
牛田小学校校歌
会津若松市立
城北小学校校歌
北島小学校校歌
大門小学校校歌
原町第二小学校校歌
熊西小学校校歌
福島第二小学校校歌
桜丘小学校校歌
袋田小学校校歌
北海道豊幌小学校校歌
磐梯第一小学校校歌
府中東小学校校歌
墨田第二小学校校歌
福島県清水小学校校歌
牧丘第二小学校校歌
河東第一小学校校歌
京都柴竹小学校校歌
白河第三小学校校歌
信夫第二小学校校歌
福岡市立高宮小学校校歌
富山市立五番町小学校校歌
本郷第一小学校校歌
荒舘小学校校歌
羽太小学校校歌
他

幼稚園・その他

京都市六満保育園歌
愛知県豊橋市曙幼稚園の歌
埼玉県東わらび幼稚園歌
福島県白河市太陽の国の歌
東京人形学院の歌
名古屋市河合塾歌
東京赤堀科理学園
創立八十周年記念祝歌
福岡市悠生園の歌
白木原鼓笛隊の歌
関東逓信病院看護婦学院歌
山野高等美容学校歌
茨城県警察学校水府寮の歌
ソウル日本人学校校歌
他

主な公共関係歌・作曲リスト

この空は（東京百年記念歌）
少年オリンピック・マーチ
神奈川県庁の鐘
島原市民歌
わがまち春日井
宮崎音頭
土岐市民歌
光のプレゼントの歌
でかい望を
金浦町民歌
国立磐梯青年の家の歌
山形県スポーツ県民歌
青年海外協力隊の歌
南方青年団歌
わらじ音頭
ああこの血潮

- けやきの村讃歌
- 大阪府警察歌
- 生きてみを
- 全国青色申告の歌
- 相馬市民の歌
- あか・あお・きいろ
- エメラルドの丘
- 東映フライヤーズの歌
- いつでもいつでも、すこやかに
- 悲しみさんよ・グッドバイ
- マリアさまとイエスさま
- 立正佼成会少年の歌
- 実践倫理宏正会の歌
- 実践倫理宏正会朝の讃歌
- 実践倫理宏正会青年部の歌
- 他

主な社歌関係・作曲リスト

- 鈴木自動車社歌
- 富士自動車愛唱歌
- リッカー・ミシン社歌
- 日本オイル・シール社歌
- 五條製紙社歌
- 名古屋トヨペット社歌
- 本田技研応援歌
- 寺岡精工所社歌
- 日本鉱業社歌
- 福島トヨタ社歌
- 象印マホービン社歌
- 東宝音頭
- 日本カーボンの歌
- 日本カーボン音頭
- 森乳音頭
- 相模鉄道社歌
- 三黄通運社歌
- ライオン油脂社歌
- 木村屋社歌
- 山崎パン社歌
- 三協アルミ社歌
- 東海パルプ社歌
- 持田製薬の歌
- 日本リクルートセンター社歌
- 飛弾製作所歌
- 神奈川中央交通社歌
- 高部建設社歌
- 石丸電気社歌
- やまたね社歌
- 日本ケミカルコンデンサー社歌
- 名鉄労組歌
- ニチバン社歌
- 明和産業社歌
- 北野建設社歌
- 電波新聞社歌
- 米沢新聞社歌
- 日本相互銀行応援歌
- 東京生命社歌
- 十八銀行行歌
- 埼玉信用金庫の歌
- 川崎信用金庫の歌
- 朝日生命の歌
- 朝日生命の歌「昇る朝日の」
- 興亜火災社歌
- 駿河銀行行歌
- 京都銀行行歌
- 紀陽銀行社歌
- 東洋水産社歌
- 宮田工業社歌
- 中国化薬社歌
- 東北発電工業社歌
- 三洋工業社歌
- 日本化学飼料社歌
- 日本燃焼器具検査協会の歌
- 大木建設社歌
- 金子農機社歌
- 三菱ミシン編機ホームソング
- 福武書店社歌
- 他

〈読者の皆様へ〉

本文中には、今日の人権意識に照らせば不適切と思われる表現や用語が含まれておりますが、作品が発表された時代性を重視し、また著者が差別助長の意図で使用していないことを鑑み、原文のままといたしました。

集英社　文庫編集部

本書は、一九八〇年五月、書き下ろし単行本として主婦の友社より刊行され、その後、一九九七年二月に日本図書センターより刊行された『古関裕而　鐘よ鳴り響け』を文庫化にあたり、改題したものです。

写真提供　福島市古関裕而記念館
本文デザイン　柴田尚吾（PLUSTUS＋＋）
JASRAC　出　一九一三〇九一―〇〇五

集英社文庫　目録（日本文学）